TG113722

Printed in the United States
By Bookmasters

مدخل إلى علم المكتبات

الطبعة الثانية
٢٠١١م-١٤٣٢هـ

المملكة الأردنية الهاشمية
رقم الإيداع لدى دائرة المكتبة الوطنية
(٢٠٠٦/٢/٢٢٠)

٠٢٠
عبد الجابر، سعود عبد الجابر وآخرون
مدخل إلى علم المكتبات/ سعود عبد الجابر وآخرون. عمان: دار المأمون، ٢٠١٠.
(٢١٦) ص
ر.أ: (٢٠٠٦/٢/٢٢٠).
الواصفات: /علم المكتبات //المكتبات/

❖ أعدت دائرة المكتبة الوطنية بيانات الفهرسة والتصنيف الأولية
❖ يتحمل المؤلف كامل المسؤولية القانونية عن محتوى مصنفه ولا يعبّر هذا المصنف عن رأي دائرة المكتبة الوطنية أو أي جهة حكومية أخرى.

المأمون
دار المأمون للنشر والتوزيع
العبدلي - عمارة جوهرة القدس
تلفاكس: ٤٦٤٥٧٥٧
ص.ب: ٩٢٧٨٠٢ عمان ١١١٩٠ الأردن
E-mail: daralmamoun@maktoob.com

مدخل إلى علم المكتبات

تأليف

أ.د. سعود عبد الجابر   د. إبراهيم صبيح

د. أحمد حماد   د. مأمون فريز جرار

دار المأمون للنشر والتوزيع

بسم الله الرحمن الرحيم

مقدمة

الحمد لله والصلاة والسلام على رسول اللـه وآله وصحبه ومن تبعهم بخير. إن الوعي المكتبي والوعي الثقافي من الظواهر البارزة في عصرنا؛ فلم يعد من صفات المتعلم التخلص من أمية الحرف وحدها بلا لا بد له لمن التخلص من أمية الفكر أو أمية المعرفة.

وإن من متطلبات الوعي الثقافي أن يحيط المتعلم بالمعالم الأساسية في تاريخ المكتبة العربية، وأن يقف على أهم المصادر في مختلف مجالات الثقافة العربية الإسلامية ليكون عوناً له في اكتساب المزيد من المعلومات ومعرفة الطريق إليها عند الحاجة. وهذا ما سعينا إلى تحقيقه في القسم الأول من كتابنا، من خلال تمهيد عن نشأة التأليف ومناهجه في المكتبة العربية وأربعة فصول تناولت مصادر اللغة ثم مصادر الدراسات الأدبية، ثم المصادر الدينية ثم المصادر التاريخية والجغرافية.

وسعينا إلى تكوين وعي مكتبي، وتقديم ثقافة مكتبية للقارئ في القسم الثاني من الكتاب، وذلك بتقديم لمحة عن تاريخ المكتبات في العصور القديمة، والحضارة الإسلامية. وجاء هذا في الباب الأول من القسم الثاني، ثم تحدثنا في الباب الثاني عن المكتبات في العصر الحديث وعدد من الخدمات المكتبية، وهي: مصادر المعلومات التي توفرها المكتبة، ثم الفهرسة والتصنيف والإعارة. وقد تمت معالجة كل محور من هذه المحاور في فصل خاص.

إن علينا أن نشير إلى أنه لم يكن من هدف هذا الكتاب الإحاطة والشمول بل الحديث عن الأصول مع التمثيل، ووراء ذلك لمن يريد كتب فصلت وأحاطت، وأرخت للأدب العربي وللتراث الإسلامي.

وإذا كان هذا الكتاب يخدم مادتي: مدخل إلى علم المكتبات، والمكتبة العربية فإنه يصلح كتاباً تثقيفياً لعامة القراء يطالعون فيه ما يمتعهم ويفيدهم. وذلك ما نرجو أن يحققه كتابنا.

المؤلفون

محتويات الكتاب

المكتبة العربية والثقافة المكتبية

Λ

القسم الأول

المكتبة العربية

تمهيد: نشأة التأليف ومناهجه في المكتبة العربية

د. أحمد حماد

الفصل الأول: مصادر اللغة

د. أحمد حماد

الفصل الثاني: مصادر الدراسات الأدبية

د. سعود عبد الجابر

الفصل الثالث: المصادر الدينية

د. أحمد حماد- د. مأمون فريز جرار

الفصل الرابع: المصادر التاريخية والجغرافية

د. مأمون فريز جرار

تمهيد

نشأة التأليف ومناهجه في المكتبة العربية

د. أحمد حماد

نشأة التأليف عند العرب

إن أول آيات نزلت في القرآن الكريم كانت (اقْرَأْ بِاسْمِ رَبِّكَ الَّذِي خَلَقَ (١) خَلَقَ الْإِنْسَانَ مِنْ عَلَقٍ (٢) اقْرَأْ وَرَبُّكَ الْأَكْرَمُ (٣) الَّذِي عَلَّمَ بِالْقَلَمِ (٤) عَلَّمَ الْإِنْسَانَ مَا لَمْ يَعْلَمْ)[١]. كانت هذه أول آيات من سورة العلق نزلت على الرسول الكريم، وهي تحث الإنسان على القراءة، والقراءة مفتاح التعلم، وفيها تبيان أهمية القلم لأنه وسيلة لحفظ العلم ونقله من جيل إلى جيل، والكتابة كما تعلم أهم وسائل المعرفة، ولولا الكتابة لما وصلنا الأدب الجاهلي، ولما وصلنا القرآن الكريم والسنة النبوية، ولولا الكتابة لما تعرفنا على حضارات الأمم السابقة، فالقلم هو الوسيلة الوحيدة لحفظ المعرفة ونقلها مع تعدد الوسائل والمخترعات الحديثة.

وقد حرص الإسلام على العلم والدعوة له، فهناك الكثير من الآيات الكريمة والأحاديث النبوية تحث على طلب العلم والمعرفة، وكلنا يعرف أن الرسول صلى الله عليه وسلم افتدى أسرى بدر بأن يعلم كل أسير يتقن العلم والمعرفة عشرة من المسلمين. ولست بصدد إحصاء وعرض آيات العلم والتعلم ولست بصدد حصر وإحصاء الأحاديث النبوية التي تدعو إلى طلب العلم والمعرفة والحث على طلبها. وإنما كان هدفي توضيح مقام العلم والعلماء في الإسلام. وكما دعا الإسلام إلى طلب العلم دعا كذلك إلى تبليغه ونشره.

وكلنا يعلم تماماً مجالس العلم والعلماء منذ عهد الرسول صلى الله عليه وسلم ومن بعده عصر الخلفاء ومن بعده في دولة الإسلام من دولة بني أمية إلى دولة بني العباس إلى يومنا هذا.

كان لا بد من هذه المقدمة السريعة للدخول في مراحل تدوين العلم.

---

(١) سورة العلق (١- ٥).

تدوين العلم:

إن الإنسان يعبر عن أفكاره وأحاسيسه وخواطره بالألفاظ سواء أكانت مفردة أم جملة، واللغة هي الوسيلة الوحيدة لنقل المعرفة بل هي وسيلة الخطاب ونشر العلم والمعرفة. ولابد للحفاظ على هذا الفكر واستمراره من تدوينه وكتابته ليحفظ وينقل إلى الآخرين، وكلنا يعلم أن العرب كانت تعتمد على النقل بالمشافهة، إلا أن هذه الطريقة انتهت بظهور نفر من المسلمين يعرفون القراءة والكتابة، وأذكر هنا بكتبة الوحي الذين لولاهم لما حفظ القرآن الكريم، فهم الذين كتبوا القرآن بأمر من الرسول الأعظم صلى الـلـه عليه وسلملإدراكه بأن الكتابة هي مصدر المعرفة وهي أقدر الوسائل على حفظ ونقل هذا الكتاب المقدس إلى أن يرث الـلـه الأرض ومن عليها.

من هنا نتلمس الخطوة الأولى للكتابة منذ عهد الرسول الكريم، وإن كانت الكتابة موجودة كما تقول المصادر في الجاهلية حيث كتَب العرب في الجاهلية المعلقات وغيرها مما وصلنا من التراث العربي في الجاهلية. ولما كان لها الفضل الأكبر في حفظ تراث الأمم وحضارتها فلا بد من ذكر المراحل التي مرت بها الكتابة لمعرفة تدرجها من حالتها البدائية إلى الصورة التي وصلت إليها في هذه الأيام.

الكتابة عند العرب قبل الإسلام:

قال ابن خلدون: «الخط والكتابة من عداد الصنائع الإنسانية، وهو رسوم وأشكال حرفية تدل على الكلمات المسموعة الدالة على ما في النفس فهو ثاني رتبة من الدلالة اللغوية»(١).

تدل الدراسات على أن العرب كانوا يعرفون الكتابة قبل الإسلام فكانوا يكتبون أهم أحداثهم على الحجارة، وقد أثبتت الأبحاث الأثرية وجود الكتابة العربية قبل الإسلام، وتعود هذه الكتابة إلى القرن الثالث الميلادي(٢). وتذكُر

---

(١) مقدمة ابن خلدون ص ٤١٧.

(٢) انظر لمحات في المكتبة والبحث والمصادر - د. محمد عجاج الخطيب ص ٢٩.

الدراسات أن أكثر الآثار التي تحمل كتابات العرب كانت في الأطراف الشمالية للجزيرة العربية[1]، حيث كان الاتصال وثيقاً بالحضارة الفارسية والرومية. مما يذكر أن عدي بن زيد العبادي المتوفى (سنة ٣٥ق .هـ) حين كبر أرسله أبوه إلى الكتّاب ليتعلم العربية، ثم دخل ديوان كسرى، وهو أول من كتب بالعربية في ديوان كسرى[2]، وهذا يدل على وجود بعض الكتاتيب في الجاهلية يتعلم فيها الصبية الكتابة والشعر وأيام العرب، وكان يشرف عليهم معلمون أمثال أبي سفيان، صخر ابن حرب بن أمية بن عبد شمس، وبشر عبد الملك السكوني، وأبي قيس بن مناف وغيرهم[3].

وكان عدد من اليهود قد تعلّم كتابة العربية، وكانوا يعلمون الصبيان بالمدينة، فجاء الإسلام وفي الأوس والخزرج عدد من الصبية يكتبون.

وكلنا يعلم أن الدراسات ذكرت لنا بعض النقوش القديمة مثل نقش النمارة ونقش قبر امرئ القيس.

الكتابة في العصر النبوي وصدر الإسلام:

كما ذكرت آنفاً أن الكتابة قد انتشرت في عهد النبي صلى الله عليه وسلم على نطاق واسع مما كانت عليه في الجاهلية، فقد حث القرآن الكريم على العلم، وحث الرسول الأمين عليه أيضاً. وكان كتّاب الوحي هم أول كتبة في الإسلام، وتلاهم بعد ذلك كتّاب أمور الدولة من مراسلات وعهود ومواثيق، ولقد كثر الكتّاب بعد الإسلام من أجل سد حاجة الدولة الإسلامية، وقد بلغ كتّاب الوحي أربعين كاتباً، من أشهرهم الخلفاء الأربعة، ومعاوية، وخالد وأبان ابنا سعيد بن العاص بن أمية، وأُبي ابن كعب، وزيد بن ثابت، وثابت بن قيس، وأرقم بن أبي الأرقم، وشرحبيل بن

---

(١) انظر مصادر الشعر الجاهلي - د. ناصر الدين الأسد. ص ٢٤ -٣٣.
(٢) انظر الأغاني جـ ٢ ص ١٠١- ١٠٢.
(٣) انظر لمحات في المكتبة ص ٣٠.

حسنة، و عبد اللـه بن رواحة، وعمرو بن العاص، وحنظلة بن الربيع، وعبد اللـه بن الأرقم الزهري، وغيرهم [1].

وكان هناك كتّاب للصدقة، وكتّاب للمداينات والمعاملات، وكتّاب للرسائل يكتبون باللغات المختلفة في ذلك العصر. وقد ازداد عدد الكتّاب بعد الهجرة وبعد أن استقرت الدولة الإسلامية، وأرست قواعدها القوية في المدينة.

فكانت المساجد المدرسة التي يتعلّم فيها المسلمون القرآن الكريم وتعاليم الدين والقراءة والكتابة. ثم اتسعت رقعة الدولة الإسلامية في عهد الخلفاء وانتشر العلم وانتشرت الكتابة وبدأ عهد الدواوين في عهد عمر وفي عهد الدولة الأموية والعباسية، وما كاد القرن الهجري الثالث ينتهي حتى كثرت المؤلفات في مختلف العلوم. قال ابن خلدون: «وطما بحر العمران والحضارة في الدولة الإسلامية في كل قطر وعظم الملك ونفقت أسواق العلوم انتسخت الكتب وأجيد كتابتها وتجليدها، وملئت بها القصور والخزائن...» [2].

ولم يقتصر مؤلفو هذه الكتب على التقسيم العام للكتاب إلى أبواب - أو ما يقابلها في التقسيم- بل نرى أن الأبواب نفسها تقسم إلى فصول حسب تشعب مادة كل باب مما يشير إلى اتضاح فكرة التقسيم الداخلي عند هؤلاء المؤلفين. هذا زيادة على أن هذه الكتب تستقل بموضوع أدبي معين يقل فيه الاستطراد إلى موضوعات أخرى من إخبارية وغيرها مما يمثل اتضاح الفوارق الموضوعية لدى مؤلفيها.

وتتضح فكرة التقسيم الداخلي للموضوعات أيضاً في كتب الأدب في هذا القرن [3]. ومنها كتاب (العقد الفريد) لابن (عبد ربه)، إذ رتب ابن عبد ربه المواد داخل كل باب من أبواب الكتاب حيث نجد التوزيع الداخلي للمواد يتُسلسل تسلسلاً منطقياً. ويمثل هذا النهج تطوراً مهماً في التأليف.

---

(١) انظر لمحات في المكتبة والبحث ص ٣١ د. محمد عجاج الخطيب

(٢) ابن خلدون المقدمة ص ٤٢.

(٣) منهج البحث الأدبي عند العرب ص ٢٠.

وقد تطور منهج التأليف عند العرب وخاصة في أواخر القرن الرابع حيث ظهرت معاجم تتبع التسلسل الهجائي في ترتيب المعجم مثل الصحاح للجوهري والقاموس المحيط للفيروزبادي ومن تبعهم من أصحاب المعاجم. وقد ظهرت في القرن الرابع مؤلفات تعالج القضايا العلمية مثل (مفاتيح العلوم) (للخوارزمي) (٣٨٧هـ) وكتاب (الفهرست) (لابن النديم) (٣٨٥هـ)، وظهور هذا الكتاب يدل على مرحلة مهمة في التأليف المنهجي، إذ أنه كتاب لإرشاد المؤلفين إلى الكتب المؤلفة في كل علم، فهو يشبه كتب الفهرسة العلمية الحديثة في فهرسة الكتب المختلفة لإعانة الباحثين على العثور على مصادر دراستهم[١].

ولعل ما تقدم يبين بوضوح استقرار قواعد التأليف المنهجي عند العرب، ولذا نجد العصور التالية قد سارت على نفس المنهج.

ونلاحظ تطوراً جديداً في منهج التأليف عند العرب في الحقب المتأخرة بدءاً من القرن الثامن وما تلاه من قرون، ويتمثل هذا التطور في تخصيص فصول وكتب تتناول طريقة التأليف وتبيانها. ونجد ذلك في كتاب (أحكام صنعة الكلام) (لمحمد ابن عبد الغفور الكلاّعي)، وهذا الكتاب في صنعة الكتابة عموماً. وقد احتوى الباب الثاني منه على فصل سماه المؤلف (فصل التأليف)[٢].

ونذكر كتاب (تذكرة السامع والمتكلم في أدب العالم والمتعلم) (لبدر الدين ابن جماعة) (٧٣٣هـ) تحدث المؤلف في الباب الأول عن فضل العلم والعلماء وفضل تعليم العلم وتعلمه، وفي الباب الثاني ذكر فيه جملة من الصفات الواجب وجودها في العالم.

منها وجوب اشتغاله بالتصنيف والتأليف، إضافة إلى حرصه على الجد والاجتهاد والتواضع.

<hr>

(١) المرجع السابق ص ٢١.
(٢) المرجع السابق ص ٢٦.

وفي الباب الرابع تحدث عن جمع المصادر والتعرف عليه، وذكر أموراً هامة منها النقل عن المصادر، وتنظيم الأسطر والهوامش واستعمال علامات الترقيم والرموز، وغيرها من الأمور التي تتعلق بالكتابة.

وبعد فإننا نرى مما تقدم أن حركة التأليف عند العرب كانت حركة منظمة بدأت بسيطة ثم تطورت إلى درجة النضج، ثم تحولت في القرن الثامن وما تلاه إلى حركة علمية متكاملة لها أسسها ومنهجها العلمي، وقد ظهرت كتب يتحدث أصحابها عن المنهج العلمي في التأليف.

منهج التأليف عند العرب

لم يتخذ العرب منهجاً في التأليف واضح المعالم إلا في أواخر القرن الثاني الهجري، ولقد اعتمد العرب الرواية الشفوية لنقل معارفهم المختلفة من شعر ونثر وغيره، ومن ثم بدأ علماء العرب مثل الأصمعي والخليل بن أحمد، وأبو زيد الأنصاري وأبو عبيدة اللغوي وغيرهم من علماء اللغة والنحو. بدأ هؤلاء العلماء منهجاً جديداً في التأليف فرأينا رسائل في بعض العلوم اللغوية وخاصة ما يتعلق بجمع اللغة، فرأينا رسائل في المطر وأخرى في السيف وثالثة في الزرع ورابعة في الشتاء وخامسة في النخيل وهكذا. وكان العالم يدون ما يسمع من غير ترتيب إلا ترتيب السماع[١].

ثم تطور التأليف في اللغة والأدب فاتخذ منهجاً واضح المعالم، حيث بدأ الخليل ابن أحمد الفراهيدي وضع العين، حوالي (١٧٥هـ)، كان هذا العالم ذا ذهن رياضي مبتكر أعمله في جميع فروع العلم التي اشتغل بها، فهداه إلى الكشوف العظيمة. حَصَر أشعار العرب عن طريق أوزانها في العروض[٢]. ولقد اهتدى الخليل في معجم العين إلى منهج استطاع من خلاله جمع اللغة، فقد رأى أن اللغة تتألف من ٢٩ حرفاً لا يخرج عنها أية كلمة ولا أي حرف منها، ولذلك اعتمد حصر اللغة بترتيب هذه الحروف في نظام ثابت ثم استخدم الاشتقاق الأكبر في اللغة أو ما يسمى بالتقاليب الستة. واتبع في معجمه ترتيب الأبنية.

أستطيع القول إن الخليل بن أحمد قد خطا في منهج التأليف خطوات متقدمة، وكان أول عالم يتخذ لنفسه منهجاً في التأليف المعجمي، وقد سار معظم من ألف في المعاجم على منهجه وإن اختلف المنهج نوعاً ما لدى المدرسة الثانية والثالثة من مدارس المعجم العربي، إذ كان ترتيب هذه المعاجم على ألفباء بدلاً من المخرج.

---

(١) انظر: في الأدب والنقد واللغة – د. أحمد حماد وآخرون ص ٣٨٧.
(٢) انظر: المعجم العربي نشأته وتطوره جـ ١ ص ٢١٨ د. حسين نصار.

وإذا انتقلنا إلى القرن الثاني والثالث الهجري فإننا نجد تطوراً آخر يطرأ على منهج التأليف عند العرب، ففي أواسط القرن الثاني الهجري ظهرت المفضليات التي تنسب إلى علمين من أعلام الرواية في هذا القرن وهما حماد الراوية (١٥٦هـ) والمفضل الضبي (١٦٨هـ) ثم تلاهما الأصمعي في القرن نفسه فاختار مجموعته المعروفة بالأصمعيات ويشهد أواخر القرن الثاني وأوائل القرن الثالث الهجري حركة واسعة في التأليف ظهر في هذه الفترة علماء في اللغة والأدب والنحو أمثال أبي عبيدة وأبي زيد وابن دريد وغيرهم.

وإذا تقدمنا في الزمن قليلاً حتى أواسط القرن الثالث رأينا تطوراً يتمثل في استقلال المادة الأدبية ومحاولة تبويبها وتحديدها وسيرها على خطة واضحة مما يمكن أن يمثل مرحلة مهمة في تاريخ تطور التأليف عند العرب، ويتمثل هذا في مؤلفات ابن سلام الجمحي والجاحظ[1] فقد وصل إلينا من مؤلفات ابن سلام الجمحي (٢٣١هـ) كتاب طبقات الشعراء والذي يلاحظ فيه أن هذا الكتاب قسم إلى قسمين أساسيين الأول منهما للشعراء الجاهلين والثاني للشعراء الإسلاميين. وكل قسم من هذين القسمين يحتوي على عشر طبقات كل طبقة تضم مجموعة من الشعراء.

وفي مؤلفات الجاحظ محاولة أخرى للتأليف المنهجي تظهر في توزيع مواد الكتاب بعناوين عديدة يحمل بعضها اسم (باب)، مما يشير إلى ابتداء التفكير بتقسيم الكتاب داخلياً إلى أبواب, ودليلنا على هذا ما ورد في كتابه (البيان والتبيين).

إذ يقول: «كانت العادة في كتب الحيوان أن أجعل في كل مصحف من مصاحفها عشر ورقات من مقطعات الأعراب ونوادر الأشعار لما ذكرت عجبك بذلك أحببت أن يكون حظ هذا الكتاب في ذلك أوفر إن شاء الله»[2]، لقد كان كتاب الجاحظ البيان والتبيين من المحاولات المنهجية المهمة في التأليف. وإذا نظرنا

---

(١) انظر: منهج البحث الأدبي عند العرب ص ١٥ - د. أحمد النجدي.
(٢) البيان والتبيين جـ ٣ - ص ٣٠٢.

إلى كتبه الأخرى مثل «البخلاء» و«البرصان» و«العرجان» ورسائله العديدة رأينا تطوراً جديداً في منهج التأليف خاصة في الموضوعات الاجتماعية. مما يشير إلى اتضاح الفوارق الموضوعية بين الموضوعات المختلفة. وما ينطبق على الجاحظ ينطبق على علماء عصره.

«ويستمر التطور في التأليف كلما تقدمنا في الزمن حتى إذا ما انتهينا إلى أواخر القرن الثالث وجدنا تطوراً جديداً في التأليف يتمثل في كتاب ابن قتيبة (٢٧٦هـ) وابن المعتز (٢٩٦هـ) ومن عاصرهما من المؤلفين»(١).

تتضح في كتاب ابن قتيبة (عيون الأخبار) فكرة تقسيم الكتاب اتضاحاً تاماً، إذ قسم المؤلف كتابه هذا إلى عشرة كتب، كل كتاب منها يحمل عنواناً خاصاً به، أما كتابه (الشعر والشعراء) فتدل مقدمته ومحتواه على تفكير مهم في منهج تقديم المادة، إذ تضمنت المقدمة كثيراً من المعلومات الخاصة بقضايا التأليف ونقد الشعر. وقد وزع الشعراء في الكتاب حسب العصور، وهذا يمثل تطوراً مهما في التأليف. فقد قدم تراجم الجاهلية ثم الإسلاميين ثم العباسيين. ويبين هذا الترتيب اهتمام الكاتب بالترتيب الزمني.

وأما (المبرّد) فقد أحدث مسألة جديدة في تقسيم الكتاب إذ قسم الكتاب إلى أبواب كان الباب الأخير منها مقسماً إلى عدة فصول، مما يدل على بدء التفكير في التقسيم الداخلي للكتاب على شكل وحدات تقسيمية كبيرة تقسم إلى فصول حسب الموضوعات التي تحتويها مادة الباب(٢).

لقد كان القرن الثالث كما اتضح لنا العصر الذي نضج فيه التأليف الأدبي، وقد شهد التبويب، واستقلال العلوم الأدبية بكتب خاصة، وتحديد الموضوعات بحيث تستند إلى العصر أو البيئة، وقد زادت هذه المراحل نضجاً في القرن الرابع، فالكتب البلاغية والنقدية بلغت مرحلة دقيقة في التقسيم والتبويب كما يبدو

---

(١) انظر: منهج البحث الأدبي ص ١٨.
(٢) انظر: المرجع السابق ص ١٩.

واضـحـاً في كتــاب (نقــد الشـعـر) (لقدامـة بــن جعفـر) و(المـوازنـة) (للآمـدي) و(الصناعتين) (لأبي هلال العسكري)[1].

انتشار الكتابة:

لقـد أشرت سابقاً إلى ظهـور الكتابـة عنـد العرب في الجاهليـة، وأشرت إلى بعـض النقوش التي اكتشفها العلماء. وهنا لا بد أن أشير إلى أن الكتابـة كانت تتناسب وطبيعـة اللغة العربية. وإن أقدم الخطوط يرجـع في أصولـه إلى الخط النبطـي نسبة إلى الأنبـاط. وهم الشعب العربي الذي أنشأ دولة تمتد مـن شمال الحجاز إلى نـواحي دمشـق قبـل ميلاد المسيح. ويضم هذا الخط النبطي معظم العناصر التي تألف منها الخط العـربي في رسمه وإملائه واتصال حروفه وانفصالها. ويتميز بحذف الألف التي نجدها محذوفة في كتابة القرآن مثل ألف الكتاب والعالمين. كما يتميز أيضاً بإثبات واو عمرو وذلك لكـي يفرق بينها وبــين عمـر. ويتميـز بمـا في كتابتنـا الحديثـة في طرق اتصـال الحـروف وانفصالها[2].

وقد استمد الخط الحيري أو الأنباري أصولـه مـن ذلـك الخط النبطـي، ووصل إلى الحجاز بالتجارة وبخاصة إلى مكة.

ولقد كتب المسلمون أول أمرهم بالخط الحيري أو الأنباري عـلى شكلين: التقـدير والبسط، وكان الخط القور هو الخط المتداول في المراسلات والكتابات العادية[3].

أما الخط المبسوط – أو ما يسمى باليابس- فقد استعمل في النقش على المحاريب وأبواب المساجد وجدران المباني. وقد استعمل أيضاً في كتابة المصاحف.

وعندما بنيت الكوفة في عهد عمر بن الخطاب وبأمره نـزح إليها عـدد مـن أهـل الحيرة والأنبار وانتشرت الكتابة بين أهلها انتشاراً كبيراً فنسب إليها فقيل الخط

---

(١) انظر: المرجع السابق ص ٢٠.
(٢) حيوات العرب د. عبدالمحسن سلام ص ٥٢٥.
(٣) المرجع السابق ص ٥٢٥.

الكوفي بدلاً من الحيري أو الأنباري[1].

وأقدم نص كتب بهذا الخط الكوفي الجديد شاهد من الحجر الرملي وجد في مصر مؤرخ لسنة (٧١هـ)، والكتابة الأثرية المؤرخة بسنة (٧٢هـ)، والمكتوبة بفصوص الفسيفساء الزجاجية بقبة الصخرة، وكتابات أحجار الأميال وبعض قطع العملة. وترجع جميعها إلى عهد عبدالملك بن مروان، وكذلك مصحف كتب بخط الحسن البصري في سنة (٧٧هـ).

أما الخط الكوفي المزخرف فلعل أول نص لدينا هو نقش بئر الرملة المؤرخ بسنة (١٧٢هـ) وهو يمثل نوعاً جديداً ابتدعه العرب من الزخرفة ويعرف باسم الخط المورق.

وهو ما يعرف بخط النسخ حيث تطور هذا الخط واستعمله كثير من كتّاب الخط حيث جعل له (ابن مقلة) في نهاية القرن الثالث بعد الهجرة نظاماً معيناً. ولعل أشهر من جاء بعد ابن مقلة وحاول إكمال عمله وضبطه (ابن عبدالسلام).

وبلغ الخط مستوى أعلى على يد (ابن هلال) الذي يعرف باسم (ابن البواب) المتوفى في سنة (٤١٣هـ). وقد ازدهر هذا الفن في القرن السابع الهجري، وتتلمذ عليه عدد من الخطاطين. واستمرت المحاولات الجادة في تحسين الخط العربي في أنحاء العامل الإسلامي إبان عصر المماليك وتركيا تحت حكم العثمانين.

ويعتبر الخط العربي فناً عربياً خالصاً ذا أصالة عربية خالصة. نبع من روح عربية وتطور تحت تأثير التطور الحضاري الثقافي العربي بجهود عربية خالصة، ونما محتفظاً بخصائصه العربية.

ولقد أصبح الخط العربي فناً قائماً بذاته بجانب استغلاله أداة للتدوين والمراسلات والمعاملات والوثائق والعقود والكتب، وأصبح عنصراً من العناصر التي تكون الفن الإسلامي.

ولقد شاع تدوين الأعمال الفنية والأدبية ما كان منها منثوراً أم منظوماً وتفنن

(١) المرجع السابق ص ٥٢٦.

الخطاطون في كتابة هذه الأعمال. واحتل الخطاط العربي مكانة اجتماعية مرموقة في المجتمع العربي الإسلامي.

وللخط أهمية كبرى في دراسة الآثار الإسلامية، فله دور تسجيلي هـام في الأعمال الأثرية والتاريخية والعلمية.

وقد يفيد الخط نفسه في التعريف بالأثر وتحديد عصره ومكان صناعته.

ولقد كان أكبر الأثر للخط في الفنون الإسلامية هو أثره الكبير في الزخرفة الإسلامية.

ولقد كان الخط هو الميزة الفنية العربية الوحيدة التي تدل على أثر عـربي في كـل إنتاج فني صدر في بداية نشأة الدولة العربية.

ولقد كان للخط العربي أثره الكبير في الفنون التطبيقية وبخاصة النحت. وقد دخل الخط العربي فيها جميعاً وأثر في أنواعها المختلفـة. مـا كـان منهـا حجريـاً أم جبصيـاً أم مصنوعاً من المعدن.

ولقد وضع أبو الأسود الدؤلي الشكل لضبط الخط.

ونتيجة للتصحيف الذي ظهر في قراءة القرآن. دعا الحجاج في خلافة عبدالملك بـن مروان عالمين جليلين وهما (نصر بن عاصم) من علماء المشرق و(يحيى بـن يعمـر) مـن علماء المغرب. وكان الاثنان من تلاميذ أبي الأسود الدؤلي وطلب منهما اتخـاذ مـا ينبغـي لحسم هذه الأخطاء في قراءة القرآن.

وهنا كان تنقيط الحروف بشكلها الحالي على يد هذين العالمين، وبـذلك تم شكـل الحروف وتنقيطها مما سهل على غير العرب قراءة القرآن بغير لحن أو تصحيف.

الفصل الأول

مصادر اللغة

د. أحمد حماد

المعاجم

١- كتب العين – الخليل بن أحمد الفراهيدي (١٠٠- ١٧٥هـ)

هدفه: لقد توجت الدراسات اللغوية قريباً من عـام (١٧٥هـ) باكتشـاف الخليل ابن أحمد فكرة المعجم ومحاولة تحقيقها. كان هذا العالم ذا ذهن رياضي مبتكر أعملـه في جميع فروع العلم الذي اشتغل بها فهداه إلى الكشوف العظيمة: حصر أشعار العرب عن طريق أوزانهـا في العـروض، هـذا الـذهن لم يبعد عـن ميدانه في محاولته تأليف المعجم. لأنه كان يرمي إلى ضبط اللغة وحصرها.

ويعتبر معجم العين أول معجم في العربية حيث رتبه الخليل حسب مخارج حروف العربية واعتبر العين آخر الحروف مخرجاً ولهذا سمي بكتاب العين.

واستخدم الخليل نظام التقاليب الستة وما سمي فيما بعد بالاشتقاق الأكبر لحصر ـ لغة العرب [١].

٢- كتاب البارع للقالي (٢٨٨- ٣٥٦هـ)

ظهر في القرن الرابع في الأندلس معجم البارع (لإسماعيل ابن القاسم القالي البغدادي).

وهذا المعجم لم ينتشر لعدم طبعه، وتوجد منه أجزاء محفوظة في باريس ومكتبة لندن.

٣- كتاب التهذيب للأزهري (٢٨٢- ٣٧٠هـ)

ظهرت الموسوعة اللغوية الأولى للأزهري في القرن الرابع الهجري.

هدف الكاتب إلى تنقية اللغة من الشوائب ولذا سمي بتهذيب اللغة. وهدف كذلك إلى ربط اللغة بالدين. والتزم الصحيح في اللغة. واتبع مـنهج الخليـل في تقسيم الكتاب.

---

(١) انظر: المعجم العربي نشأته وتطوره د: حسين نصار جـ ١.

٤- كتاب المحيط للصاحب بن عباد (٣٢٤- ٣٨٥هـ)

شهد القرن الرابع ظهور معجم آخر يسير على آثار كتابي العين والتهذيب ذلك هو المحيط للصاحب بن عباد الوزير الأديب المشهور. وقد اشتهر الصاحب ابن عباد بموهبته الأدبية التي كانت عماد شهرته.

٥- كتاب الجمهرة لابن دريد (٢٢٣- ٣٢١هـ)

ظهر هذا المعجم في القرن الثالث، وكان هدفه تجنب النظام الذي سارت عليه مدرسة العين، فأهمل ترتيب الحروف على المخارج وتمسك بالترتيب الألف بائي، ويعتبر ترتيب المعجم على هذه الطريقة أسهل للباحث وأيسر للوصول إلى معاني المفردات[1].

٦- كتاب المقاييس لأحمد بن فارس (٠٠ – ٣٩٥هـ)

ظهر هذا المعجم في أواخر القرن الرابع، وأراد ابن فارس في معجمه هذا وضع مقاييس للغة، وكانت فكرة المقاييس هذه مسيطرة عليه، وسار ابن فارس على أساس ابن دريد في الترتيب حيث رتب المعجم على أساس ألف باء.

واهتم ابن فارس بفكرة بعينها وهي فكرة المقاييس في اللغة.

٧- كتاب المجمل لابن فارس (.. – ٣٩٥هـ)

لقد دل كتاب المقاييس على نضج الدراسات اللغوية وبلوغها مرتبة التصنيف على أسس فلسفية لغوية، ولكنه لم ينل من الشهرة ما ناله كتاب (المجمل) للمؤلف نفسه.

ويشترك الكتابان في المادة التي يحتويان عليها. ولكنهما يختلفان في طريقة عرض هذه المادة. وكان هم المجمل الجمع والترتيب والإجمال في اللغة، والتيسير والتقريب.

(١) انظر: المعجم العربي نشأته وتطوره – د. حسين نصار جـ ٢.

٨- كتاب الصحاح للجوهري (.. – ٤٠٠هـ)

كان الغرض الأول من تأليف المعاجم في القرن الرابعه تحقيق أمرين أساسيين هما: التزام الصحيح من الألفاظ، وتيسير البحث عن المواد. وفي أواخر هذا القرن ظهر أشهر معجم عربي حققهما إلى درجة بعيدة هو (تاج اللغة وصحاح العربية) لأبي نصر إسماعيل بن حماد الجوهري الذي اشتهر بالصحاح. وقد رتب المعجم على أساس الألف باء.

٩- كتاب العباب للصغاني (٥٧٧-٦٥٠هـ)

توج الصغاني في القرن السابع، حياته العلمية بمعجم كبير دعاه (العباب)، كان ذلك في عهد الوزير محمد بن أحمد العلقمي. ولم يتم الكتاب إذ توفي مؤلفه بعد أن قطع الشوط الأكبر من رحلته اللغوية حتى وصل إلى مادة (بكم)[1].

١٠- لسان العرب – لابن منظور (٦٣٠- ٧١١هـ)

يعتبر لسان العرب لابن منظور من أضخم المعاجم اللغوية. إذ استقبل آخر القرن السابع والعقد الأول من القرن الثامن معجماً لغوياً ينتظم أكبر المعاجم السابقة ويحوي موادها الزاخرة، ذلك هو (لسان العرب) للعلامة أبي الفضل جمال الدين محمد بن مكرم بن منظور الإفريقي المصري الأنصاري الخزرجي.

وكان يهدف إلى الاستقصاء والترتيب وربط اللغة بالدين. حتى أنه أدخل أكبر معجم في غريب الحديث: (النهاية لابن الأثير).

وقد جمع مادته من خمسة كتب: تهذيب الأزهري، ومحكم ابن سيده، وصحاح الجوهري، وحواشي ابن بري، ونهابة ابن الأثير.

١١- القاموس المحيط – للفيروز آبادي (٧٢٩- ٨١٦هـ)

لقد هدف الفيروز آبادي في معجمه إلى الجمع والاستقصاء، وينسجم هذا الهدف مع اسم الكتاب الذي قال عنه في المقدمة وأسميته (القاموس المحيط

---

(١) انظر المرجع السابق جـ٢.

لأنه البحر الأعظم). وقد سار المعجم في ترتيبه على ترتيب الصحاح وهو الألـف باء.

وقد انتشر القاموس بين الطلاب، وذاع صيته نظراً لسهولة استخدامه وترتيبـه الألـف بائي. ويعتبر القاموس المحيط من أكثر المعاجم انتظاماً في الـداخل مـن حيـث الترتيـب. والإيجاز. والاستقصاء، والعناية الألفاظ الطبية. والأعلام والمصطلحات.

١٢- تاج العروس للزبيدي (١١٤٥- ١٢٠٥هـ)

لقد توجت الدراسات اللغوية بالمعجم الأكبر في أواخر القرن الثاني عشر ـ وبالدقـة في أوائل القرن الثالث عشر. إذ أبرز الإمام اللغوي (محب الدين أبو الفيض السـيد محمد مرتضى الزبيدي) كتابه المسمى (تاج العروس من جواهر القاموس). شرحاً للقاموس المحيط للفيروز آبادي. وكان سبب تأليف التاج إيجاز القاموس وغموضه مع شموله وكثرة استعماله حتى كثرت حوله الدراسات التي تنظر إلى اتجاهـات معينة منه، فأراد السيد مرتضى أن يوضحه ويجمع هذه الدراسات في كتاب واحد. ومن ظواهر التاج الاهتمام بالأعلام والأماكن، والمجاز.

١٣- كتاب المعيار- لميرزا علي الشيرازي

في سنة ثلاث وسبعين ومئتين بعد الألف من الهجرة، أنجز ميرزا محمد علي محمد صادق الشيرازي معجمه المسمّى (معيار اللغة) الذي طبع فيما بين عامي (١٣١١- ١٣١٤هـ) في مجلدين كبيرين. وقد دفعه إلى تأليف هـذا المعجم استدراك بعـض الأخطاء التي وقع فيها من قبله من أصحاب المعـاجم. وكان ترتيب المعجم هـو الألف باء.

١٤- أساس البلاغة للزمخشري- أبو القاسم جارالله محمد بـن عمـر الزمخشري (٤٦٧- ٥٣٨هـ): صاحب تفسير الكشاف المشهور.

ذكر الزمخشري في معجمه معاني الألفاظ على حقيقتها واهتم بـذكر المعـاني المجازية.

مصادر اللغة

الكتب النحوية

١. طبقات النحويين البصريين وأخبارهم.
لأبي العباس محمد بن يزيد المبرد المتوفى سنة ٢٨٦هـ.

٢. أخبار النحويين (لابن درستويه) (أبو محمد عبد الله بن جعفر)، توفي سنة ٣٤٧هـ

٣. طبقات النحاة البصريين (للسيرافي) أبو سعيد الحسن بن عبد الله توفي سنة ٣٦٨هـ

٤. مراتب النحويين (أبو الطيب اللغوي)- عبد الواحد بن علي الحلبي توفي سنة ٣٥١هـ

٥. طبقات النحويين واللغويين لأبي بكر الزبيدي. (هوأبو بكر محمد ابن الحسن الزبيدي توفى سنة ٣٧٩هـ ظهر في الأندلس في أواسط القرن الهجري الرابع. واستعرض فيه مؤلفه تراجم رجال اللغة والنحو.

٦. إنباه الرواة على أنباه النحاة (للقفطي)، وهو القاضي الوزير جمال الدين أبو الحسن علي بن يوسف القفطي نسبة إلى قفط في مصر- ظهر هذا الكتاب في القرن السابع الهجري.
وقد نهج مؤلفه في تصنيفه نهجاً معجمياً، فرتب تراجمه على حروف أسماء أصحابها. وقد بدأ الكتاب بمقدمة في مبدأ علم النحو.

٧. بغية الوعاة في طبقات اللغويين والنحاة للسيوطي هو جلال الدين عبدالرحمن أبي بكر السيوطي، كان من أوسع علماء عصره ثقافة وأخصبهم آثاراً صنف ما يزيد على ٥٠٠ كتاب[1].

---

(١) انظر: نظرة تاريخية في حركة التأليف عند العرب في اللغة والأدب د. أمجد الطرابلسي ص ٢٢٢ وما بعدها.

عكف السيوطي، وهو في العشرين من عمره، على تأليف كتاب يجمع أخبار النحويين، بعد أن رأى أن الكتب التي صنفت من قبل في هذا الموضوع على كثرتها، غير وافية بالغرض. وأن القارئ لكتاب البغية ليدهش حقاً لذلك الثبت الطويل الذي صدر به السيوطي كتابه وذكر فيه أسماء مصادره بالتفصيل.

٨. شرح ابن عقيل على ألفية ابن مالك للامام (أبو عبد الله محمد جمال الدين ابن مالك الطائي الأندلسي (٦٠٠- ٦٧٢هـ).

٩. الإنصاف في مسائل الخلاف بين النحويين البصريين والكوفيين. لأبي البركات كمال الدين عبدالرحمن بن محمد الأنباري (٥١٣- ٥٧٧هـ).

١٠. مغني اللبيب عن كتب الأعاريب، للشيخ جمال الدين عبد الله بن يوسف ابن أحمد (ابن هشام الأنصاري). (٧٠٨- ٧٦١هـ).

١١. شرح شذور الذهب في معرفة كلام العرب: لجمال الدين أبي محمد عبد الله ابن يوسف بن أحمد (ابن هشام).

مصادر اللغة
الكتب اللغوية

١- الأضداد لأبي سعيد عبد الملك بن قريب الأصمعي سنة ٢١٦هـ.

٢- الأضداد لأبي يوسف يعقوب بن السكيت سنة ٢٤٤هـ.

٣- الأضداد لأبي حاتم سهل بن محمد السجستاني سنة ٢٥٥هـ.

٤- الأضداد لأبي بكر محمد بن القاسم بن بشار الأنباري سنة ٣٢٨هـ.

٥- الأضداد لسعيد بن المبارك المعروف بابن الدهان سنة ٥٦٩هـ.

٦- الأضداد للحسن بن محمد الصغاني سنة ٦٥٠هـ.

٧- فقه اللغة وسر العربية لأبي منصور عبدالملك بن محمد بن إسماعيل الثعالبي سنة ٤٢٩هـ[1].

٨- الخصائص لابن جني (أبو الفتح عثمان) توفي سنة ٣٩٢هـ.

٩- الاشتقاق لأبي بكر محمد بن الحسن بن دريد توفي سنة ٢٢٣هـ.

١٠- المعرّب من الكلام الأعجمي لأبي منصور موهوب بن أحمد بن محمد الجواليقي.

١١- الصاحبي في فقه اللغة وسنن العرب في كلامها. لأبي الحسن أحمد بن زكريا (ابن فارس) سنة ٣٩٥هـ.

١٢- المزهر في علوم اللغة – وأنواعها: جلال الدين عبدالرحمن بن أبي بكر السيوطي (٨٤٩- ٩١١هـ). وهو من أجمع ما صنف في فقه اللغة.

---

(١) انظر: المزهر في علوم اللغة للسيوطي جـ ١ ص ٣٨٧ وما بعدها.

مصادر اللغة
كتب البلاغة

١) **كتاب الصناعتين** لأبي هلال العسكري سنة ٣٩٥هـ. من أقدم ما وصلنا من كتب البلاغة كتاب الصناعتين لأبي هلال العسكري، أراد بالصناعتين الكتابة والشعر، عرض للموضوعات البلاغية وللمحسنات البديعية ووجوهها وفنونها، وبسط القول فيه بسطاً وافياً.

٢) **دلائل الإعجاز، و(أسرار البلاغة):** لأبي بكر عبدالقاهر بن عبدالرحمن الجرجاني إمام عصره في علوم العربية (سنة ٤٧١هـ). ففي دلائل الإعجاز أرسى أركان علم المعاني، وفي كتابه (أسرار البلاغة) أوضح كثيراً من أسرار الجمال في الصورة الأدبية، وبين معالم التشبيه والاستعارة، وكان له فضل كبير في تحديد معالم الفن الذي عرف فيما بعد بعلم البيان[١].

٣) **مفتاح العلوم:** لأبي يعقوب يوسف السكاكي (سنة ٦٢٦هـ) أحد أئمة العربية في عصره، جعل كتابه في ثلاثة أقسام الأول منها للصرف، والثاني للنحو، والثالث للبلاغة بعلومها الثلاثة وما يلحق بها من قافية وعروض.

٤) **التلخيص:** لجلال الدين محمد بن عبدالرحمن القزويني (سنة ٧٣٩هـ).
لخص فيه القسم الثالث من مفتاح العلوم للسكاكي.
قال القزويني (لما كان علم البلاغة وتوابعها من أجل العلوم قدراً وأدقها سراً... ألفت مختصراً يتضمن ما في مفتاح العلوم من القواعد ويشمل ما يحتاج إليه من الأمثلة والشواهد وسميته تلخيص المفتاح).

٥) **الإيضاح:** للإمام القزويني صاحب (تلخيص المفتاح)، فقد وضعه شرحاً للتلخيص، وزاد عليه مما جاء في كتابيّ (دلائل الإعجاز وأسرار البلاغة) للجرجاني وما تيسر له من كلام غيره، وما أدى إليه اجتهاده وفكره[٢].

---

(١) انظر: لمحات في المكتبة والبحث والمصادر. د. عجاج عجاج الخطيب ص ٣٢٤.
(٢) نفس المرجع السابق. ص ٣٢٥.

المراجع

القرآن الكريم

١-   المقدمة - ابن خلدون - دار المعارف، مصر، سنة ١٩٧٨م.

٢-   الأغاني - أبو الفرج الأصفهاني- دار المعارف، مصر.

٣-   المعجم العربي نشأته وتطوره- د. حسين نصار، مكتبة مصر.

٤-   المزهر في علوم اللغة- جلال الدين السيوطي- دار إحياء الكتب العربية.

٥-   البيان والتبيين - الجاحظ، تحقيق عبدالسلام هارون، مكتبة الخانجي.

٦-   حيوات العرب- د. عبدالمحسن سلام، الشركة القومية للطباعة سنة ١٩٦٨م.

٧-   لمحات في المكتبة والبحث والمصادر - د.محمد عجاج الخطيب، مؤسسة الرسالة سنة ١٩٨٢م.

٨-   مصادر الشعر الجاهلي- د. ناصر الدين الأسد، دار الجيل بيروت.

٩-   منهج البحث الأدبي عند العرب د.أحمد النجدي، وزارة الثقافة العراقية للطباعة سنة ١٩٦٨م.

١٠- في الأدب والنقد واللغة- د. أحمد حماد وآخرون، مكتبة الفلاح سنة ١٩٨٦م.

١١- نظرة تاريخية في حركة التأليف عند العرب في اللغة والأدب - د. أمجد الطرابلسي مكتبة دار الفتح سنة ١٩٧٦م.

الفصل الثاني
مصادر الدراسات الأدبية

- أمهات المصادر الأدبية
- مصادر المختارات الشعرية
- مصادر تراجم الأدباء والشعراء

د. سعود عبدالجابر

(١)   أمهات المصادر الأدبية

ألف الأدباء السابقون كتباً أدبية كثيرة، اتسمت بقوة البيان وإشراق العبارة،
ورشاقة الأسلوب، وعمق الفكر. فهي تفيد القارئ والدارس بغزارة معلوماتها، وجمال
أدائها. وهي كتب كثيرة عديدة يصعب حصرها، لذا نكتفي بذكر بعضها، كي يطلع
القارئ على هذه الجهود العظيمة التي أسهمت في تطور الأدب وازدهاره في شتى
العصور. ونرى أن هذه الكتب الأدبية القيمة من الممكن تصنيفها إلى: أمهات المصادر
الأدبية، والمختارات الشعرية، مصادر تراجم الأدباء والشعراء. وكتب أمهات المصادر
الأدبية كثيرة ومن أشهرها الكتب التالية:

الحيوان:

تأليف أبي عثمان عمرو بن بحر بن محبوب الملقب بالجاحظ. ولد عام ١٥٩هـ
وتوفي عام ٢٥٥هـ

هو كتاب أدب. والمقومات التي يرتكز عليها أصناف الحيوانات وما حيك حولها
من قصص وعلوم وما قيل فيها من حكم وأشعار. وهو موسوعة ثقافية تمثل مختلف
أنواع المعرفة التي كانت سائدة في زمن الجاحظ. فلقد تحدث فيه عن المعارف
الطبيعية والمسائل الفلسفية، كما تحدث عن أهل الكلام وسائر الطوائف الدينية
والمسائل الجغرافية وتأثير البيئة في الحيوان والإنسان والشجر، كما أن الكتاب يحوي
موضوعات متنوعة مثل: وسائل البيان وكتابة المعاهدات وضروب الخطوط. «والجاحظ
في كلامه على الحيوان يبدو في صورة العالم الموضوعي الذي يعرض الآراء، ويناقشها،
ويمحصها، ويرد ما لا يقبله العقل أو التجربة. ويشير في كثير من الأحيان إلى النتائج التي
يحصل عليها من خلال التجارب التي كان يجربها على الحيوان» (١).

ولقد ألف الجاحظ كتاب الحيوان في المرحلة الأخيرة من حياته. وهو يعاني

_____

(١) مع المكتبة العربية. د.، عبدالرحمن عطبة: ص٢٤٤. مطبعة أوفست، حلب ١٩٧٨.

من وطأة الأمراض التي دهمته كالشلل والنقرس. ويمثل هذا الكتاب حصيلة ثقافته وتجاربه وأفكاره.

ولقد طبع الكتاب في مصر بتحقيق عبدالسلام هارون في سبعة أجزاء سنة ١٩٣٨م.

البيان والتبيين:

ألف الجاحظ البيان والتبيين بعد كتاب الحيوان فهو يشير من خلاله إلى الحيوان. ولقد جمع الجاحظ فيه فنوناً شتى من الأدب فأورد فيه أخبار الخطباء في الجاهلية والإسلام، كما أورد الخطب والوصايا والحكم والأمثال والطرائف والأخبار، كما أنه تحدث فيه عن الألفاظ وفصاحتها وكل ما يتصل بها. وأفاض في كلامه عن مخارج الحروف وعيوب النطق من لثغة أو لكنة أو حصر وعي. ونقل فيه كثيراً من الرسائل الديوانية والإخوانية. وجمع فيه أخبار القصاص والنساك. وقد خص الحمقى والنوكى بدراسة وافية. ولعل من أهم مرامي الجاحظ في هذا الكتاب الرد على الشعوبية، وما كان يردده غلاتها من الطعن على العرب والازدراء بهم. ولذلك «كان الجاحظ يشيد بالعرب وفصاحتهم وبعاداتهم وتقاليدهم. ويتصدى للرد على مزاعم أولئك الشعوبية وسمومهم»[١]. والواقع أن الجاحظ بهذا الكتاب الذي صنفه في أواخر حياته «رمى إلى تعليم الناشئين من الكتَّاب، أصول الكتابة الصحيحة، وإلى الإفصاح عن مكنونات اللغة، والكشف عن أسرارها، ومن ثم إلى تفهيم كل ذي لُبٍّ أريب، لئلا يقع في اللحن حيناً، أو في الخطأ حيناً آخر»[٢].

وفي الكتاب مادة موفورة لدراسة عادات وتقاليد المجتمع الإسلامي في بغداد والبصرة على أيام الجاحظ. لأنه يغترف مما حوله، ويلتزم الدقة في إيراده حتى

(١) مصادر التراث العربي في اللغة والمعاجم والأدب. د. عمر الدقاق. ص: ٩٢ - دار الشرق، بيروت، لبنان.
(٢) البيان والتبيين - الجاحظ. ص:٦ - دار صعب، بيروت.

الألفاظ العامية يوردها كما هي^(١).

ولكتاب البيان كذلك أثره في النقد الأدبي فهو سجل للآراء المختلفة في النقد مما لا يزال إلى الآن موضع البحث والإعجاب... والجاحظ الذي نقد مذاهب أصحاب الصنعة من الشعراء وآثر عليها مذهب المطبوعين كان يضع بذلك أساساً كبيراً لعلم النقد وتطوره الأدبي^(٢).

ويغلب الاستطراد على منهج الجاحظ في هذا الكتاب، هذا بالإضافة إلى إشاعة جو من الفكاهة المحببة، والاعتماد على الأسلوب المرسل. وكتابه موسوعة أدبية قيمة.

وطُبع هذا الكتاب عدة مرات في مصرـ ومن أفضلها الطبعة التي أصدرها عبدالسلام هارون في أربعة مجلدات في أعوام ١٩٤٨- ١٩٥٠م.

عيون الأخبار:

تأليف أبي محمد عبد الله بن مسلم بن قتيبة الدينوري. ولد عام ٢١٣هـ، وتوفي عام ٢٧٦هـ.

وهو كتاب غزير المادة وطابعه أدبي لا يتعرض فيه ابن قتيبة لمسائل اللغة والنحو والصرف. وهوكتاب شيق لما حواه من روائع النصوص وعيون الأخبار. وهو غزير المادة الشعرية والنثرية والإخبارية.

ويغلب عليه طابع الجمع والرواية. وهو يضم أخباراً طريفة: أدبية، وأخلاقية، وتاريخية، واجتماعية، بحيث يسهل اعتباره خزانة أدب. «وهو من أجل مصادرنا الأدبية، وأغزرها بالمعارف، وأحفلها بالأخبار، ويمتاز بحسن التبويب الذي يجعله قريب المتناول، ويعين القارئ على الوصول إلى مبتغاه فيه بكثير من اليسر»^(٣).

_____

(١) دراسة في مصادر الأدب. د. الطاهر أحمد مكي. ص:١٢١. دار المعارف بمصر، ١٩٧٦م.

(٢) البحوث الأدبية مناهجها ومصادرها. د. محمد عبدالمنعم خفاجي. ص: ١٥٨. دار الكتاب اللبناني، بيروت، ١٩٨٠م.

(٣) نظرة تاريخية في حركة التأليف عند العرب في اللغة والأدب. د. أمجد طرابلسي، ص: ١٥٨. مكتبة دار الفتح، دمشق، ١٩٨٢م.

ولقد قسم هذا الكتاب إلى عشرة كتب أي موضوعات وهي: كتاب السلطان، وكتاب الحرب، وكتاب السؤدد، وكتاب الطبائع، وكتاب العلم، وكتاب الزهد، وكتاب الإخوان، وكتاب الحوائج، وكتاب الطعام، وكتاب النساء.

ونلاحظ من خلال تقسيم الكتاب إلى هذه الأبواب العشرة أن الكاتب قد اعتمد على أسلوب التنظيم والتبويب لموضوعات كتابه. وهو يوضح في مقدمة الكتاب الطريقة التي سيسلكها في كتابه، والدافع الذي دفعه إلى تأليفه فهو يقول: «وهذه عيون الأخبار نظمتها لمغْفِل التأدب تبصرة، ولأهل العلم تذكرة، ولسائس الناس ومَسُوسهم مؤدباً، وللملوك مستراحاً من كد الجِدّ والتعب. وصنعتها أبواباً وقرنت الباب بشكله والخبر بمثله. والكلمة بأختها، ليسهل على المتعلم علمها وعلى الدارس حفظها وعلى الناشد طلبها. وهي لَقَاح عقول العلماء، ونتاج أفكار الحكماء، وزبدة المخَضْ وحِلْية الأدب، وأثمار طول النظر، والمتخيّر من كلام البلغاء، وفِطن الشعراء، وسير الملوك، وآثار السلف. جمعت لك منها ما جمعت في هذا الباب لتأخذ نفسك بأحسنها وتقومها بثقافها»[1].

ونستخلص من قول ابن قتيبة هذا أنه لم يصنف كتابه لفئة معينة من الناس بل لهم جميعاً كي يستمتعوا به على اختلاف مشاربهم ومذاهبهم. وكي يفيدوا منه في تهذيب منطقهم وتثقيف لسانهم.

ولقد نشر الكتاب عن دار الكتب المصرية في أربعة مجلدات ما بين ١٩٢٤ و١٩٣٠م، ثم نشرته المؤسسة المصرية العامة للتأليف والترجمة والطباعة والنشر مصوراً. عن طبعة دار الكتب المصرية في أربعة مجلدات عام ١٩٦٤م.

الكامل في الأدب:

تأليف العباس محمد بن يزيد بن عبد الأكبر الثمالي الأزدي المشهور بالمبرد. ولد عام ٢١٠هـ وتوفى عام ٣٨٥هـ.

---

(١) عيون الأخبار. أبو محمد عبد الله بن مسلم بن قتيبة الدينوري. المقدمة:١: ى، دار الكتاب العربي، دار الكتب المصرية ١٩٢٥م.

من أشهر كتب الأدب واللغة. وهو كتاب ثقافة عامة وأدب. وهو يضم ألواناً من الثقافة الإسلامية والأدبية واللغوية والنحوية والأخبارية والتاريخية. ولقد قدم المبرد لكتابه بمقدمة وضح فيها على وجه التحديد مادة الكتاب والغرض من تأليفه.

فقال «هذا كتاب ألفناه يجمع ضروباً من الآداب ما بين كلام منثور وشعر مرصوف، ومثل سائر، وموعظة بالغة، واختيار من خطبة شريفة، ورسالة بليغة، والنية فيه أن نفسر كل ما وقع في هذا الكتاب من كلام غريب أو معنى مستغلق. وأن نشرح ما يعرض فيه من الإعراب شرحاً وافياً، حتى يكون هذا الكتاب بنفسه مكتفياً، وعن أن يرجع إلى أحد في تفسيره مستغنياً»[1]. ولقد اتبع المبرد في تأليف كتابه أسلوب الاستطراد مع العناية بالناحية الإعرابية واللغوية في النصوص الشعرية والنثرية.

طُبع الكامل مرات عدة أولاها في ألمانيا في سنة ١٨٦٤م، ثم طُبع في مصر ـ حيث تكررت طباعته. وقد عني بشرحه والتعليق عليه سيد المرصفي فأسماه «رغبة الآمل من كتاب الكامل». وبلغ الكتاب ثمانية مجلدات، صدرت بين ١٩٢٨ و ١٩٣٠م. ثم طبع متن الكتاب في ثلاثة أجزاء. وألحق بها جزء رابع خاص بمجموعة قيمة من الفهارس.

العقد الفريد:

تأليف أحمد بن محمد بن عبد ربه، ولد عام ٢٤٦هـ وتوفي عام ٣٢٨هـ.

يعد كتاب العقد الفريد في الطليعة من كتب الأدب. وهو من مصادر الأدب الرئيسية. وهو موسوعة ثقافية كبيرة، تشمل مختلف الفنون الأدبية والفكرية من شعر ونثر. وتتسم مادته بالغزارة والتنوع. وحوى جانباً وافياً من نصوص الشعر والنثر والخطب والوصايا والرسائل. كما اشتمل على معارف في الفقه والحديث واللغة والأخبار والعروض والتاريخ. وقد تكلم على ذلك في مقدمة كتابه فقال:

---

(١) الكامل في اللغة والأدب. أبو العباس محمد بن يزيد المعروف بالمبرد. ص: ٢. مكتبة المعارف، بيروت.

«وقد ألفت هذا الكتاب وتخيرت جواهره مـن متخيـر جـواهر الآداب، ومحصـول جوامع البيان، فكان جوهر الجواهر، ولباب اللباب. وإن ما لي فيه هو تأليف الاختيار، وحسن الاختصار، وفرش لدرر كل كتاب، وما سواه فمأخوذ مـن أفـواه العـلـمـاء، ومـأثور عن الحكماء والأدباء»[1].

ويورد الكاتب وهو الأديب الأندلسي أخبار المشارقة أكثر بكثير من أخبار الأندلس، ومن هنا قال الصاحب بن عباد قولته الشهيرة: «هذه بضاعتنا ردت إلينا».

طُبع الكتاب عدة طبعات منها طبعة ١٩٤٠م بتحقيق محمـد سـعيد العريان في ثمانية أجزاء، كما طبع بتحقيق أحمد أمـين وأحمـد الـزين وإبـراهيم الأبيـاري في سبعة مجلدات.

الأمالي والنوادر:

تأليف أبي علي إسماعيل بن القاسم القالي البغدادي. ولد عـام ٢٨٨هــ وتوفي عـام ٣٥٦هــ.

هو أشهر كتب الأمالي. ولقد ألفه مؤلفه في قرطبة بعد أن رحل إلى الأندلس ملبياً دعوة خليفتها عبدالرحمن الناصر. ثم أهداه إلى ابنه الحكم الأموي. وهـو كتـاب حافل بروائع الشعر والنثر، وطرائف النوادر والأخبار، ويتخللها تعليق القالي وشرحـه وتفسيره وتعليقاته اللغوية التي تدل على اطلاع واسع على اللغة العربية وخصائصها. وإذا كان كتاب الكامل للمبرد كتاب أدب ونحو فإن كتاب الأمالي للقالي كتاب أدب ولغة. والقالي نفسه يتكلم على محتوى كتابه فيقول في المقدمة: «فأمللت هذا الكتاب من حفظي في الأخمسة بقرطبة، وفي المسجد الجامع بـالزهراء المباركـة، وأودعتـه فنونـاً مـن الأخبار، وضروباً من الأشعار، وأنواعـاً من الأمثال وغرائب اللغات. على أني لم أذكر فيه بابـا مـن اللغة إلا أشبعته، ولا ضرباً من الخير إلا انتحلته، ولا نوعـاً من المعاني والمثل إلا استجدته. ثم لم أُخْلِه من غريب القرآن،

---

(١) العقد الفريد: ابن عبد ربه. تحقيق محمد سعيد العريان، ١: ٢- دار الفكر.

وحديث الرسول صلى الله عليه وسلم. على أنني أوردت فيه من الإبْدال ما لم يورده أحد، وفسرت فيه من الإتْباع ما لم يفسره بشر، ليكون الكتاب الذي استنبطه إحسان الخليفة جامعاً، والديوان الذي ذكر فيه اسم الإمام كاملاً»[1].

ولقد وضع القالي لكتابه ذيلاً، وألحق به جزءاً سماه النوادر، ولقد نشر الأمالي أول مرة في مصر بمطبعة بولاق سنة١٩٠٦م. ثم طبع في دار الكتب المصرية بتحقيق محمد عبد الجواد الأصمعي سنة١٩٢٦م. وتكررت بعد ذلك طبعاته.

الأغاني:

تأليف أبي الفرج الأصبهاني علي بن الحسين ولد سنة ٢٨٤هـ وتوفي سنة ٣٥٦هـ

يعد الأغاني من أفضل كتب التراث العربي. وهو في الحقيقة أكبر مرجع في العربية في الغناء وتاريخه وقواعده الموسيقية التي وجدت في عصر المؤلف أو قبله.

وهو من أغنى الموسوعات الأدبية في تراثنا. ولقد حوى الكتاب تراجم الأدباء والشعراء والمغنين حتى نهاية القرن الثالث الهجري. هذا بالإضافة إلى مجموعة ضخمة من الأخبار الأدبية والتاريخية والثقافية والاجتماعية.

ولقد سمى أبو الفرج كتابه الأغاني لأنه بنى مادته في البدء على مائة صوت كان هارون الرشيد قد أمر إبراهيم الموصلي وإسماعيل بن جامع وفُليحْ بن العوراء باختيارها له من الغناء كله، ثم رفعت إلى الواثق بالله، فأمر إسحاق بن إبراهيم بأن يختار له منها ما رأى أنه أفضل مما كان اختير متقدماً، ففعل وأتبع ذلك بما اختاره غير هؤلاء من متقدمي المغنّين، وأهل العلم بهذه الصناعة من الأغاني»[2].

وحدد أبو الفرج الهدف من الكتاب بأنه «جمع فيه ما حضره وأمكنه جمعه من الأغاني العربية قديمها وحديثها، ونسب كل ما ذكره منها إلى قائل شعره وصانع لحنه وطريقته من إيقاعه، وإصبَعه التي ينسب إليها من طريقته. واشتراك إن كان بين

---

(١) كتاب الأمالي. أبو علي القالي، ١: ٣، المكتب التجاري للطباعة والنشر والتوزيع، بيروت.

(٢) الأغاني: أبو الفرج الأصبهاني، ١: ٢، دار إحياء التراث العربي، بيروت، لبنان.

المغنين فيه»[1]. ثم امتد به القول إلى السبب الذي من أجله قيل الشعر، أو صنع اللحن وما يتعلق به من أخبار وأشعار وخطب، وقصص وملح ونكت ونوادر.

ويذكر أبو الفرج في مقدمة كتابه أن الباعث الذي دفعه على تأليف الكتاب أن أحد الوراقين قد وضع كتاباً ونسبه إلى إسحق بن إبراهيم الموصلي.

وكان هذا الكتاب مع ذلك قليل الفائدة. ولهذا فقد عُهد لأبي الفرج أن يؤلف كتابً في الغناء العربي، بحيث يحوي أصوله وأشهر ألحانه، فهذا هو الباعث الذي دفعه إلى تأليف الكتاب فيقول: «والذي بعثني على تأليفه أن رئيساً من رؤسائنا كلفني جمعه. وعرفني أنه بلغه أن الكتاب المنسوب إلى إسحاق مدفوع أن يكون من تأليفه، وهو مع ذلك قليل الفائدة، وأنه شاكٌ في نسبته لأن أكثر أصحاب إسحاق ينكرونه، ولأن ابنه حماداً أعظم الناس إنكاراً لذلك. ولقد لعمري صدق فيما ذكره، وأصاب فيما أنكره... وأخبرني أحمد بن جعفر جحظة أنه يعرف الوراق الذي وضعه وكان يسمى بسند الوراق، وحانوته في الشرقية في خان الزِّبل، وكان يورق لإسحاق بن إبراهيم. فاتفق هو وشريك له على وضعه، وليست الأغاني التي فيه أيضاً مذكورة الطرائق، ولا هي بمقنعة من جملة ما في أيدي الناس من الأغاني ولا فيها من الفوائد ما يبلغ الإرادة»[2].

وبحق فإن كتاب الأغاني من كتب الأدب القيمة التي ليس بوسع باحث أن يستغني عنه.

ولقد طبع الكتاب عدداً من المرات. وأشهرها طبعة الساسي في مصر- وهي في ٢١ جزءاً عدا الفهارس. ثم طبعته دار الكتب المصرية، وهي طبعة منقحة مزودة بالفهارس التفصيلية.

---

(١) الأغاني، ١: ١.

(٢) المصدر نفسه، ١:٥.

نهاية الأرب في فنون الأدب:

تأليف شهاب الدين أحمد بن عبدالوهاب النويري ولد عام ٦٧٧هـ وتوفي عام ٧٣٣هـ

يعد كتاب نهاية الأرب أحد الموسوعات الضخمة في تراثنا. بكل ما تحمله هذه التسمية من معنى. فهو يحوي موضوعات متعددة من موسيقى وغناء وزهد وأدب وأسلوب حكم وفنون حرب وغير ذلك. فهو موسوعة ضخمة، تضم مختلف ألوان المعرفة. والكتاب تتصل أبحاثه بمعظم الفنون والعلوم، فهو يتصل بالأدب والتاريخ والجغرافيا والسياسة والاجتماع والطب والفلك، والنبات والحيوان وغير ذلك. وحوت هذه الموسوعة الكثير الفريد من العلوم والنادر الخطير من أخبار التاريخ، وبخاصة ما أشار إليه المستشرق فازيليف حيث قال:«إن نهاية الأرب على الرغم من تأخر عصره يحوي أخباراً خطيرة عن صقلية نقلها عن مؤرخين قدماء لم تصل إلينا كتبهم مثل ابن الرقيق وابن رشيق وابن شداد وغيرهم»[١].

ولقد تحدث النويري عن سبب تأليفه فقال: «ورغبت في صناعة الآداب، فرأيت غرضي لا يتم بتلقيها من أفواه الفضلاء شفاها، فامتطيت جواد المطالعة، وركضت في ميدن المراجعة، حيث ذل لي مركبها، وصفا لي مشربها، آثرت أن أجرد منها كتاباً، أستأنس به، وأرجع إليه، وأعول فيما يعرض لي من المهمات عليه»[٢].

وقد قسم المؤلف كتابه إلى خمسة فنون كبرى اختص الأول منها في السماء والآثار العلوية والأرض والمعالم السفلية، والثاني في الإنسان، والثالث في الحيوان، والرابع في النبات، والخامس في التاريخ، وقسم كل فن من هذه الفنون إلى خمسة

(١) الأعلام. خير الدين الزركلي، ١: ١٦٥. دار العلم للملايين، بيروت، لبنان، ١٩٧٩م.

(٢) نهاية الأرب في فنون الأدب. شهاب الدين أحمد بن عبدالوهاب النويري، ١:٣، دار الكتب المصرية، القاهرة، ١٩٥٥م.

أقسام. وفرع كل قسم إلى أبواب.

والكتاب يقع في ثلاثين جزءاً، ولكن لم يطبع منه غير ثمانية عشر جزءاً، أصدرتها دار الكتب المصرية.

صبح الأعشى في صناعة الإنشا:

تأليف أبي العباس أحمد بن علي القلقشندي. ولد عام ٧٥٦هـ وتوفي عام ٨٢١هـ.

يعد هذا الكتاب موسوعة أدبية قيمة. وهو من أهم الموسوعات الأدبية، فهو كتاب جامع فيه تاريخ وسير، ولغة وأدب، وفقه وحديث وتفسير، وغير ذلك من مختلف ألوان المعرفة. ولقد كان له الفضل في حفظ الكثير من التراث. ولقد ذكر المؤلف في كتابه مئات الكتب التي اعتمد عليها في تأليف مؤلفه.

ويرجع سبب تأليف هذا الكتاب إلى أن القلقشندي «قد ألف مقامة متقنة في الثناء على رئيس ديوان الإنشاء القاضي علاء الدين بن محيي الدين بن فضل الله، سماها الكواكب الدرية في المناقب البدرية.. وقد اشتملت على التعريف بكتابة الإنشاء وبيان أهميتها، ولكن المؤلف وجد أن هذه المقامة مجملة، وقد اقترح عليه أن تفصل في كتاب مستقل، وذلك نظراً لأهميتها وعلاقتها بديوان الإنشاء وما يجب أن يتصف به الكتّاب ليتقنوا صناعة الإنشا. ولذلك وضع كتاب صبح الأعشى في صناعة الإنشاء، وذلك ليكون شرحاً لمقامته المجملة السابق ذكرها»[1].

ويتضح مما سبق أن الكتاب في الأصل موجه إلى الناشئة من الكتاب لتوضيح ما يجب أن يستوعبوه من فنون المعرفة، لكي يشتد ساعدهم في الكتابة، ويوضح لهم الفنون التي يجب أن يتقنوها من حفظ للقرآن واتقان للغة والنحو والصرف والأمثال والأنساب ومعرفة بالخطوط والأقلام، واطلاع على الدواوين ومصطلحاتها وأنواعها وأساليبها. وهو يعرض كل ذلك بصورة أدبية مشرقة

(١) محاضرات في الأدب المملوكي والعثماني. د. عمر موسى باشا. ص: ١٥٩. مطبعة الإحسان دمشق، ١٩٧٩م.

ويتخلل عرضه هذا كثير من النصوص الشعرية والنثرية التي ترتبط بموضوعه.

ويتألف هذا الكتاب من مقدمة وعشر مقالات وخاتمة، امتدت لتشمل أربعة عشر مجلداً. وفي المقدمة تحدث عن فضل القلم والكتابة ومعنى الإنشاء وتطوره وترجيح النثر على النظم، وصفات الكتاب وآدابهم وتاريخ ديوان الإنشاء ونشأته في الإسلام، ووظائف الديوان واختصاصاته. ثم تحدث بعد ذلك المؤلف عن صناعة الإنشاء في عشر مقالات كبيرة: المقالة الأولى في ثقافة كاتب الإنشاء وفيما يجب عليه أن يعرفه من مواد الإنشاء وآلاته من معرفة باللغة والأدب، وأحوال الأمم، ومما تتطلبه مهنته من أنواع الأقلام، والحبر والورق وغير ذلك. والثانية في الثقافة الجغرافية ببلاد العالم، والثالثة في معرفته بقضايا الديوان والمكتبات وأنواعها وفنونها، والرابعة في أصول تحرير المكاتبات، والخامسة في الولايات والبيعة. والسادسة في الوصايا الدينية والمسامحات والاطلاقات والتذاكر وغيرها. والسابعة في الإقطاعات والمقاطعات. والثامنة في الأيمان. والتاسعة في عقود الصلح وكتب الأمان وغيرها. والعاشرة في كتب أخرى غير ديوانية. والخاتمة في ذكر أمور تتعلق بديوان الإنشاء غير أمور الكتابة[1].

ولقد طبعته ونشرته دار الكتب المصرية ما بين ١٩١٠م و ١٩٢٠م في أربعة عشر مجلداً. ثم نشرته المؤسسة المصرية العامة للتأليف والترجمة والطباعة والنشر في طبعة مصورة عن طبعة دار الكتب سنة ١٩٦٣م.

---

(١) صبح الأعشى في صناعة الإنشا. أحمد بن علي القلقشندي. ٢١/١ - ٤٤. شرح وتعليق محمد حسين شمس الدين. دار الكتب العلمية، بيروت، لبنان، ١٩٧٨م.

الفصل الثالث
مصادر المختارات الشعرية

(٢) مصادر المختارات الشعرية

شهد العصر العباسي حضارة عربية إسلامية زاهرة، وكانت هذه الحضارة متعددة المناحي، متشعبة الجوانب، وحظي الأدب باهتمام كبير، وتنوعت الدراسات الأدبية وكثرت المؤلفات والمصنفات. ونشطت حركة جمع الشعر وتبويبه ودراسته. ووضعت كتب قيمة كثيرة في هذا المجال. ومن الصعب حصرها، وسنقف عند أبرزها كي يفيد منها القارئ في صقل لسانه والحفاظ على بيانه من العي واللحن, وإثراء خبراته وتزويده بشتى صنوف المعرفة.

المفضليات:

تأليف المفضل بن محمد بن يعلى الضبي. ولد في أواخر العقد الأول من القرن الثاني. وتوفي عام ١٦٨هـ.

والمفضليات مجموعة شعرية اختارها المفضل الضبي من قصائد شعراء الجاهلية والإسلام، بناء على طلب من الخليفة العباسي أبي جعفر المنصور لكي يدرسها لابنه محمد بن عبد الله المهدي. إذ أن المفضل كان في جماعة إبراهيم بن عبد الله بن الحسن من أبناء علي بن أبي طالب وخرج معه ثائراً فيمن خرج على الخليفة العباسي أبي جعفر المنصور، وظفر أبو جعفر بإبراهيم كما ظفر كذلك بالمفضل ولكنه عفا عنه وألزمه ابنه المهدي كي يؤدبه. وللمهدي اختار هذه القصائد[١].

ولعل هذه المجموعة الشعرية أقدم مجموعة شعرية وصلتنا مما صنف في القرن الثاني للهجرة. وهي تضم١٣٠قصيدة أغلبها جاهلي، وبعضها مخضرم أو إسلامي. ولقد أثبتت فيها القصائد بتمامها فهي قصائد كاملة وليست منتخبات من قصائد، ولها مكانة خاصة بين دارسي الأدب. وذلك بسبب المكانة المتميزة والسمعة الحسنة التي تمتع بها مؤلفها. فهو ثقة ولم يطعن أحد من معاصريه أو ممن جاء بعد في أمانته وصدقه، رغم كثرة رواة الشعر الذين طعن بهم في ذلك العصر.

ولعل هذه المجموعة عرفت بالمفضليات بعد المفضل، ولم تطلق عليها هذه

(١) انظر: المفضليات: أبو العباس المفصل بن محمد الضبي. تحقيق وشرح أحمد محمد شاكر وعبد السلام محمد هارون. ص: ١٣، القاهرة ١٩٦٤م.

التسمية من قبله. وإنما أطلقت عليها بعده.

وللمفضليات مكانة مرموقة بين مجموعات الشعر القديم. ولها قيمة تاريخية وأدبية هامة. وطبعت طبعات كثرة. ومنها طبعة دار المعارف في القاهر بتحقيق أحمد محمد شاكر وعبد السلام هارون في جزأين. وذلك عام ١٩٤٣م، ثم تكررت طباعتها.

الأصمعيات:

تأليف عبدالملك بن قريب الأصمعي. ولد عام ١٢٢هـ وتوفي عام ٢١٦هـ

الأصمعيات هي المجموعة الشعرية الثانية بعد المفضليات. وتعد متممة لها، لأن الأصمعي نحا بها نحو المفضل، وسار على نسق المفضليات في جمعه.

واقتصرت هذه المجموعة على الشعر القديم وبخاصة الشعر الجاهلي وجانب من الشعر المخضرم والإسلامي. وبلغ عدد هؤلاء الشعراء واحداً وسبعين شاعراً؟ وهي تضم اثنتين وتسعين قصيدة.

ولما كان الأصمعي شيخ رواة الشعر العربي القديم، فإن ما جمعه يعد من أوثق وأصح قصائد العربية، وأطلق عليها الأصمعيات تمييزاً لها عن المفضليات، إلا أنه على الرغم من هذا التمييز فقد حدث كثير من التمازج والتداخل بين قصائد المجموعتين.

وطبعت الأصمعيات مع شرح مختصر بتحقيق أحمد محمد شاكر وعبدالسلام هارون سنة ١٩٥٥م في دار المعارف بالقاهرة.

جمهرة أشعار العرب في الجاهلية والإسلام:

تأليف أبي زيد محمد بن أبي الخطاب القرشي.

هو شخصية غير معروفة، والمعلومات عنه ضئيلة للغاية، ولا توجد له ترجمة في كتب الأدب. وهو من رجال القرن الثالث الهجري. ولم يعرف عنه إلا أنه تلميذ للمفضل بن عبد الله المجبري.

وكتاب جمهرة أشعار العرب كالمجموعتين السابقتين المفضليات والأصمعيات فهو يقوم على اختيار عيون القصائد من الشعر الجاهلي والمخضرم والإسلامي. وتحوي هذه المجموعة الشعرية تسعاً وأربعين قصيدة وزعها المؤلف في سبع فئات

متكافئة، كل فئة تضم سبع قصائد، وتحمل اسماً خاصاً. وهذه هي أسماء الفئات السبع: المعلقات، والمُجَمْهَرات[(١)]، والمنتقيات، والمُذْهبات، وأصحاب المراثي، وأصحاب المَشُوبات[(٢)]، وأصحاب المُلْحَمَات[(٣)].

ويذكر القرشي في مقدمته سبب اقتصاره في الاختيار على الشعر القديم أنه هو الأصل، وأن من جاءوا بعد من الشعراء كانوا مضطرين إلى الاختلاس من محاسنه فيقول: «هذا كتاب جمهرة أشعار العرب في الجاهلية والإسلام، الذي نزل القرآن بألسنتهم. واشتقت العربية من ألفاظهم، واتخذت الشواهد في معاني القرآن وغريب الحديث من أشعارهم، وأسندت الحكمة والآداب إليهم، تأليف أبي زيد محمد بن أبي الخطاب القرشي. وذلك أنه لما لم يوجد أحد من الشعراء بعدهم إلا مضطراً إلى الاختلاس من محاسن ألفاظهم، وهم إذ ذاك مكتفون عن سواهم بمعرفتهم، وبعد فهم فحول الشعراء الذين خاضوا بحره، وبعد فيه شأوهم، واتخذوا له ديواناً كثرت فيه الفوائد عنهم، ولولا أن الكلام مشترك لكانوا قد حازوه دون غيرهم، فأخذنا من أشعارهم، إذ كانوا هم الأصل، غرراً هي العيون من أشعارهم، وزمام ديوانهم»[(٤)]. وقد طبعت جمهرة أشعار العرب عدة طبعات أولها في مطبعة بولاق بمصر سنة ١٨٩٠م. ثم تلتها عدة طبعات منها طبعة المكتبة التجارية الكبرى في مصر عام ١٩٢٦م. ثم طبعة دار صادر ببيروت عام ١٩٦٣م. ولقد صدرت عام ١٩٦٧ بتحقيق علي محمد البجاوي عن دار نهضة مصر.

حماسة أبي تمام:

تأليف أبي تمام حبيب بن أوس الطائي. ولد عام ١٩٠هـ وتوفي عام ٢٣١هـ من أشهر مصادر الشعر العربي المجموعات التي عرفت باسم الحماسة، ومن أشهرها حماسة أبي تمام. وقد ابتدأ هذا النوع من التأليف أبو تمام. وحذا حذوه كثيرون، ومن أشهرهم

---

(١) المجمهرات: هي المحكمة السبك. يقال للناقة «المجمهرة» أي المتداخلة الخلق كأنها كتلة من الرمال.

(٢) المشوبات: هي التي شابها الكفر والإسلام . أي التي عاش أصحابها في الجاهلية والإسلام. وهم المخضرمون.

(٣) الملحمات: أي الملحمة في نظمها.

(٤) جمهرة أشعار العرب في الجاهلية والإسلام. أبو زيد محمد بن أبي الخطاب القرشي. ص:٩ دار صادر، بيروت، ١٩٦٣م.

البحتري وابن الشجري.

وذكر الخطيب التبريزي سبب جمع أبي تمام الحماسة «أنه قصد عبد الله ابن طاهر وهو بخراسان، فمدحه... وعاد من خراسان يريد العراق فلما دخل همذان اغتنمه أبو الوفاء بن سلمة فأنزله وأكرمه فأصبح ذات يوم وقد وقع ثلج عظيم قطع الطريق ومنع السابلة فغم أبا تمام ذلك وسر أبا الوفاء فقال له وطن نفسك على المقام فإن هذا الثلج لا ينحسر إلا بعد زمان وأحضر له خزانة كتبه فطالعها واشتغل بها وصنف خمسة كتب في الشعر منها كتاب الحماسة والوحشيات وهي قصائد طوال»[1].

وجعل المؤلف مجموعة مختاراته الشعرية في عشرة أبواب هي: باب الحماسة، وباب المراثي، وباب الأدب، وباب النسيب، وباب الهجاء، وباب الأضياف والمديح، وباب الصفات، وباب السير والنعاس، وباب المديح، وباب مذمة النساء. والباب الأول أي باب الحماسة هو أكبر أبواب الكتاب وبه سمى الكتاب بكامله.

وأبو تمام أسبق المصنفين إلى تقسيم الشعر حسب هذه الطريقة. فقد كان جمع الشعر واختياره يجري اتفاقاً ودونما قاعدة، كما هو الحال في المفضليات والأصمعيات. فسلك أبو تمام طريقة تنسيق المختارات بحسب الفنون الشعرية واتبعه المصنفون بعد ذلك.

وشعراء الحماسة أغلبهم من الشعراء القدامى وبخاصة الجاهليين والإسلاميين وليس بينهم من الشعراء المحدثين إلا عدد قليل كمسلم بن الوليد وأبي العتاهية ودعبل الخزاعي. ولقد ورد فيها كثير من المختارات لشعراء مغمورين.

وحظيت حماسة أبي تمام باهتمام كبير من العلماء والأدباء والنقاد. وشرحت شروحاً كثيرة. وممن تصدى لشرحها أبو بكر الصولي والحسن بن بشر الآمدي وأبو الفتح ابن جني، وأبو هلال العسكري، وأبو علي أحمد بن محمد المرزوقي، وأبو العلاء المعري، والخطيب التبريزي، والميكالي، والبيهقي، والعكبري. وأكثر

---

(١) شرح ديوان الحماسة «أبو تمام». شرح أبي زكريا يحيى بن علي التبريزي، ١:٣، ٤- عالم الكتب، بيروت.

هذه الشروح رواجاً شرحاً التبريزي والمرزوقي.

وقد طُبع كتاب الحماسة بشرح التبريزي عدة طبعات فلقد طبع في مدينة بون بألمانيا في سنة ١٨٧٨م بعناية المستشرق الألماني «فرايتاج»، ثم طبع بمطبعة بولاق في مصر سنة ١٢٩٦هـ بعناية الشيخ محمد قاسم في أربعة أجزاء. ثم طبع في مطبعة السعادة بالقاهرة في سنة ١٩١٣م في جزأين. وبعد ذلك طبع في مصر بتحقيق محيي الدين عبدالحميد في سنة ١٩٣٨م في أربعة أجزاء.

وطبعت الحماسة بشرح المرزوقي بتحقيق أحمد أمين وعبدالسلام هارون في القاهرة في أربعة أجزاء ما بين عامي ١٩٥١و١٩٥٣م. ثم صدرت الطبعة الثانية في سنة ١٩٦٧م.

حماسة البحتري:

تأليف الشاعر أبو عبادة الوليد بن عبيد البحتري ولد عام ٢٠٥هـ وتوفى عام ٢٨٤هـ

احتذى البحتري حذو أبي تمام في تصنيف حماسته ويقال: إنه صنفها للوزير الفتح بن خاقان في عهد الخليفة العباسي المتوكل معارضة لكتاب الحماسة الذي ألفه أبو تمام[1].

واختار نصوصها من عيون الشعر القديم الجاهلي والإسلامي، مع إيراد بعض المقطوعات لبعض الشعراء المحدثين. وسلك مسلك أبي تمام في إكثاره من الاختيار من شعر الشعراء المقلين المجيدين.

وجعل البحتري حماسته في مائة وأربعة وسبعين باباً إذ أكثر من وضع العناوين لأبواب حماسته.

وقام البحتري بتوبيب حماسته على مبدأ الموضوعات التفصيلية لا على مبدأ الأغراض الشعرية، كما هو الحال في حماسة أبي تمام. فلقد فصل البحتري في أبوابه تفصيلاً زائداً، وجعل لكل موضوع عنواناً جزئياً، وهذا ما جعل الأبواب تتسع

(١) كتاب الحماسة: أبو عبادة الوليد بن عبيد البحتري. تحقيق الأب لويس شيخو اليسوعي، ص:١ بيروت ١٩١٠م.

فتبلغ هذا العدد الكبير.

ويبدو أن البحتري قد سمى كتابه حماسة حباً بمعارضة أبي تمام، وإن لم يكن بين أبواب الكتاب باب بهذا الاسم، ومع ذلك فالأبواب السبعة والعشرون الأولى من كتابه إنما تفصل المعاني الحماسية التي أجملها أبو تمام في باب واحد. وهي كلها تدور حول الحماسة وإن لم تأخذ اسمها[1]. ولم تنل حماسة البحتري عناية الشارحين القدامى كما نالتها حماسة أبي تمام ولا نعرف أحداً من القدماء تصدى لشرحها كما فعلوا في حماسة أبي تمام. ولم تلق مع كل ما لها من قيمة أدبية الرواج قديماً.

وقد طبعت حماسة البحتري في مطبعة الأدباء اليسوعيين ببيروت عام ١٩١٠م بتحقيق الأب لويس شيخو اليسوعي. ثم طبعت طبعة أخرى في مصر في سنة ١٩٢٩م بتحقيق كمال مصطفى. ثم صدرت الطبعة الثانية لطبعة لويس شيخو من دار الكتاب العربي في بيروت في سنة ١٩٦٧م.

حماسة ابن الشجري:

تصنيف أبي السعادة هبة الله بن علي بن محمد بن الشجري. ولد عام ٤٥٠هـ وتوفي سنة ٥٤٢هـ

نحا ابن الشجري في حماسته منحى أبي تمام والبحتري. واختار مقطوعات من عيون الشعر القديم وأضاف إليها كثيراً من المحدَث الذي أصبح كثير منه يعد قديماً بالنسبة لزمن المصنف. وبلغ عدد الشعراء الذين اختار لهم نحو ثلاثمائة وخمسة وستين شاعراً عدا الأشعار التي أوردها ولم ينسبها لقائل معين. وبلغت حماسيات المجموعة تسعمائة وأربعاً وأربعين حماسية وأغلبها مقطعات وقلما بلغت حدود القصيد.

وسار ابن الشجري في تصنيف حماسته على طريقة أبي تمام من حيث تقسيمها إلى أبواب، يضم كل باب منها ما قيل في فن من فنون الشعر. وعدد الأبواب تسعة أبواب وهي: الأول للشدة والشجاعة، والثاني للوم والعتاب، والثالث للمراثي، والرابع للمديح، والخامس للهجاء، والسادس للأدب، والسابع للنسيب، والثامن للصفات والتشبيهات، والتاسع للملح.

---

(١) نظرة تاريخية في حركة التأليف عند العرب. ص:١٢١، وانظر كتاب مع المكتبة العربية، ص:٢٨٥.

وطبعت الحماسة الشجرية في دائرة المعارف العثمانية في حيدر آباد في الهند سنة ١٩٢٧م بعناية المستشرق «كرنكو» وصدرت في دمشق ضمن منشورات وزارة الثقافة بتحقيق عبدالمعين الملوحي وأسماء الحمصي في سنة ١٩٧٠م.

الحماسة البصرية:

تصنيف صدر الدين علي بن أبي الفرج الحسن البصري وتاريخ مولده غير معروف وتوفي عام ٦٥٩هـ.

حذا البصري في حماسته حذو أبي تمام، إلا أنه زاد على حماسة أبي تمام أربعة أبواب، إذ رتب مختاراته الشعرية في أربعة عشر باباً معظمها يشابه أبواب أبي تمام. وهي مصنفة على الأغراض. وهذه الأغراض هي: باب الحماسة، باب المديح والتقريظ، باب التأبين والرثاء، باب الأدب، باب النسيب والغزل، باب الأضياف، باب ما قيل في الهجاء، باب مذمة النساء، باب الصفات والنعوت، باب السير والنعاس، باب الملح والمجون، باب ما جاء في أكاذيبهم وخرافاتهم، ما جاء من ملح الترقيص، باب الإنابة والزهد.

واستمد البصري نصوص حماسته من مصادر عديدة تقدمته، ومن جملتها حماسة أبي تمام والبحتري والخالديين وابن الشجري. ولقد تخير مقطوعات من عيون الشعر الجاهلي والإسلامي. وتضم حماسته نحو ستة آلاف بيت لنحو خمسمائة شاعر. ويذكر البصري في مقدمة كتابه أنه قد صنفه للملك الناصر أبي المظفر يوسف بن الملك العزيز بن الملك الظاهر. فهو يقول: «لما كانت المجاميع الشعرية صقال الأذهان ولأنواع المعاني كالترجمان. وكان مولانا الملك الناصر صلاح الدنيا والدين ناصر الإسلام والمسلمين أبو المظفر يوسف بن الملك العزيز بن الملك الظاهر، لا زال ناجز الأوامر في كل نجد وغائر، لهجاً بأشعار العرب التي هي ديوان الآداب، توخيت في تحرير مجموع محتو على قلائد أشعارهم، وغرر أخبارهم(١)».

وطبعت الحماسة البصرية بتحقيق الدكتور مختار الدين أحمد الهندي سنة ١٩٦٤م، في دائرة المعارف العثمانية في حيدر آباد الدكن بالهند في جزأين.

---

(١) الحماسة البصرية. البصري، ١:٢، عالم الكتب بيروت.

الفصل الرابع
مصادر تراجم الأدباء والشعراء

(٣) مصادر تراجم الأدباء والشعراء

كتب التراجم عامة وكثيرة. وهناك كتب مشهورة بها تراجم للأدباء والشعراء، ولذا آثرت أن أقف عند بعضها، وأن أكتفي بذكر أشهرها، كي تفيد الدارس والباحث، وتكون عوناً له في دراساته وأبحاثه.

طبقات الشعراء:

تأليف محمد بن سلام بن عبيدالله بن سالم الجمحي. ولد في البصرة عام ١٣٩هـ وتوفي عام ٢٣٢هـ

وكتاب طبقات الشعراء أقدم كتاب وصلنا في تراجم الشعراء. وهذا يضفي عليه أهمية تاريخية كبيرة بالإضافة إلى أهميته الأدبية.

وعرف الكتاب بتسميات عديدة متقاربة منها طبقات الشعراء، ومنها طبقات فحول الشعراء، ومنها طبقات الشعراء الجاهليين والإسلاميين.

والكتاب ينقسم إلى قسمين. القسم الأول منهما هو المقدمة، وهي مقدمة نقدية قصيرة. وتحتوي على قضايا نقدية مهمة منها قضية الانتحال في الشعر.

ولقد حدد ابن سلام البواعث التي أدت إلى انتحال الشعر، وضمنها كثيراً من آرائه الفنية في هذا المجال(١).

والقسم الثاني من الكتاب يحتوي على تصنيف الشعراء الجاهليين والمخضرمين والإسلاميين إلى طبقات متتابعة، وذلك حسب مكانتهم الفنية من وجهة نظره، وتبعاً لمعاييره الخاصة فقد قسم الشعراء الجاهليين إلى عشر ـ طبقات. وجعل في كل طبقة أربعة شعراء متماثلين من حيث المستوى الفني. وقسم كذلك الشعراء الإسلاميين ومن شابههم من المخضرمين إلى عشر طبقات أيضاً. وكل طبقة تضم أربعة شعراء. وألحق بالجاهليين ثلاث فئات. وهـي: شعراء المـدن مـن مكـة والمدينـة والطائـف والبحـرين، وشعراء المراثي وهم أربعة، وشعراء اليهود في المدينة

---

(١) طبقات الشعراء الجاهليين والإسلاميين. أبو عبدالله بن سلام الجمحي، ص: ٦ ـ ٢٥.

وذكر منهم ثمانية. وبلغ عدد الشعراء الذين ترجم لهم مائة وأربعة عشر شاعراً.

ولقد طبع الكتاب عدة طبعات. وطبع أول مرة في ليدن سنة ١٩١٦م. ونشره المستشرق، يوسف هلَّ. ثم طبع في مصر بالاعتماد على طبعة ليدن بمطبعة السعادة في القاهرة ونشره حامد الحديد الحلبي سنة ١٩٢٠م. ثم طبع بتحقيق محمود شاكر بدار المعارف بالقاهرة سنة ١٩٥٣م.

الشعر والشعراء:

تأليف أبي محمد بن عبد الله بن مسلم بن قتيبة. ولد عام ٢١٣هـ وتوفي عام ٢٧٦هـ.

هذا الكتاب من أقدم الكتب العربية في تراجم الشعراء. وحوى ترجمة لمائتين وستة من الشعراء. وقد اختار ابن قتيبة أشهر الشعراء. ولم يقتصر على شعراء الجاهلية وأوائل الإسلام، وإنما ترجم أيضاً لبعض المحدثين. وراعى ابن قتيبة في كتابه ترتيب الشعراء حسب التسلسل الزمني إلى حد كبير. ولقد احتوى الكتاب على مقدمة نقدية قيمة، تعد من بواكير النقد الأدبي المعلل. ولقد طرق فيها كثيراً من القضايا النقدية السائدة في عصره وبخاصة قضية القديم والحديث من الشعر والطبع والصنعة.

وأورد آراء واضحة ودقيقة في كل ما قال.

وحدد المؤلف في المقدمة ومنذ البداية خطته في هذا الكتاب حيث قال: «هذا كتاب ألفته في الشعراء. أخبرت فيه عن الشعراء وأزمانهم وأقدارهم وأحوالهم في أشعارهم وقبائلهم، وأسماء آبائهم، ومن كان يعرف باللقب أو الكنية منهم، وعما يستحسن من أخبار الرجل ويستجاد من شعره. وما أخذته العلماء عليهم من الغلط والخطأ في ألفاظهم أو معانيهم. وما سبق إليه المتقدمون فأخذه عنهم المتأخرون .. وكان أكثر قصدي للمشهورين من الشعراء الذين يعرفهم جلُّ أهل الأدب والذين يقع الاحتجاج بأشعارهم في الغريب، وفي النحو، وفي كتاب الله عز وجل وحديث رسول الله صلى الله عليه وسلم. فأما من خفي اسمه وقل ذكره وكسد شعره، وكان

لا يعرفه إلا بعض الخواص فما أقل من ذكرت من هذه الطبقة»[1].

ولقد طبع الشعر والشعراء أول مرة في ليدن سنة ١٨٧٥م، ثم طبع فيها ثانية سنة ١٩٠٢م، ثم طبع في مصر سنة ١٩٠٤م بتعليقات من محمد بدر الدين النعساني، وبعد ذلك تعددت طبعاته ومن ضمنها تحقيق أحمد محمد شاكر في عام ١٩٥٠م، ثم أصدره ثانية في جزأين كبيرين خلال سنتي ١٩٦٦- ١٩٦٧ عن دار المعارف.

معجم الشعراء للمرزباني:

تأليف أبي عبد الله محمد بن عمران المرزباني. ولد عام ٢٩٧هـ وتوفي عام ٣٨٤هـ

رتب المؤلف الأسماء في المعجم ترتيباً هجائياً حسب الاسم الأول بغض النظر عن الألقاب والكنى. وحاول أن يستقصي أسماء الشعراء فجعل كتابه شاملاً المشهورين والمغمورين دون تمييز، فضم معجمه نحو خمسة آلاف شاعر. ويبدو أنه لضخامة عدد الشعراء المترجم لهم عمد إلى الاقتضاب في الترجمة بحثاً عن الاستيفاء والحصر.

ولقد أشار إلى ذلك ابن النديم خلال وصفه للكتاب فقال: «وكتاب المعجم له. ذكر فيه الشعراء على حروف المعجم بدأ بمن أول اسمه ألف إلى حرف الياء، وفيه نحو خمسة آلاف اسم وفيه من شعر كل واحد منهم أبيات يسيرة من مشهور شعره. فيه ألف ورقة»[2].

ومما يؤسف له أن هذا المعجم القيم لم يصلنا كاملاً. وضاعت أغلب أجزائه. ولم يصلنا منه سوى القسم الأخير. وهو يبدأ بحرف العين مادة عمرو حتى آخر الحروف الهجائية. وقد ضم أكثر من ألف ترجمة.

وقد نشر ما وصلنا بتحقيق عبد الستار أحمد فراج سنة ١٩٦٠م بالقاهرة.

(١) الشعر والشعراء: ابن قتيبة، ص: ٣، ٤. طبع في لندن بمطبعة بريل سنة ١٩٠٢م.
(٢) الفهرست: ابن النديم، ص:١٩٠، المكتبة التجارية الكبرى بمصر.

يتيمة الدهر في محاسن شعراء العصر:

تأليف أبي منصور عبد الملك بن محمد الثعالبي. ولد عام ٣٥٠هـ وتوفي عام ٤٢٩هـ.

قصر الثعالبي كتابه على شعراء عصره، أي شعراء القرن الرابع الهجري. وهذا يدل على مدى الاهتمام الكبير لدى الأوساط الأدبية آنذاك بالشعر المحدث والمعاصر، بعد أن كان جلّ اهتمام الباحثين من قبل ينصب على العناية بالقدماء وتفضيلهم.

ولقد قسم الثعالبي كتابه أربعة أقسام:

القســم الأول: في محاسن أشعار آل حمدان وشعرائهم، وغيرهم من أهل الشام، وما يجاورها، ومصر، والموصل، والمغرب ولمع من أخبارهم.

القســم الثاني: في محاسن أشعار أهل العراق.

القسم الثالث: في محاسن أشعار أهل الجبل وفارس وجرجان وطبرستان وأصفهان.

القسم الرابع: في محاسن أشعار أهل خراسان، وما وراء النهر كبخارى ونيسابور [١].

ويذكر الثعالبي في مقدمة كتابه أنه ألفه على مرحلتين: أولاهما كانت سنة أربع وثمانين وثلاثمائة. ووجدت النسخة التي ألفها رواجاً مما دفعه لإعادة صياغتها وإضافة أشياء جديدة إليها. واستكمال بعض جوانبها والإسهاب في مادتها.

وتختلف التراجم طولاً وقصراً حسب أهمية الشاعر المترجم له. ولقد طغت المنتخبات الشعرية طغياناً كبيراً على أخبار الشعراء ونوادرهم. حتى أن الثعالبي كثيراً ما يقتضب الترجمة من أجل ذلك.

ولقد نال الكتاب شهرة كبيرة دفعت كثيرين على تقليده، وإكمال عمله،

---

(١) يتيمة الدهر في محاسن أهل العصر. أبو منصور عبد الملك بن محمد الثعالبي. تحقيق محيي الدين عبد الحميد. ١:٩،٨ - دار الفكر، بيروت، ١٩٧٣م.

وتصنيف المؤلفات على نمطه. ومن هذه الكتب التي نسجت على غراره كتاب «دمية القصر وعصرة أهل العصر» للباخرزي المتوفى عام ٤٦٧هـ وكتاب «زينة الدهر في لطائف شعراء العصر» للحظيري المتوفى عام ٥٦٨هـ ولم يصلنا كتابه، وكتاب «خريدة القصر وجريدة العصر» للعماد الأصفهاني المتوفى عام ٥٩٧هـ وكتاب «سلافة العصر» للمحبي المتوفى عام ١١٠٤هـ. كما امتد تأثير اليتيمة إلى الأندلس فكان كتاب «الذخيرة في محاسن أهل الجزيرة» لابن بسام المتوفى عام ٥٤٢هـ.

ولقد طبع الكتاب في أربعة أجزاء بتحقيق محمد محيي الدين عبدالحميد سنة ١٩٤٧م بالقاهرة.

الذخيرة في محاسن أهل الجزيرة:

تأليف أبي الحسن علي بن بسام الشنتريني. توفي عام ٥٤٢هـ.

حذا ابن بسام في كتاب الذخيرة حذو الثعالبي في يتيمة الدهر. وقد جهر في مقدمة كتابه أنه سيحذو حذو الثعالبي فقال: «وإنما ذكرت هؤلاء ائتساء بأبي منصور في تأليفه المشهور المترجم يتيمة الدهر في محاسن أهل العصر».

وقسم الكتاب إلى أربعة أقسام كما فعل الثعالبي في اليتيمة، متبعاً في ذلك مبدأ الأقاليم، وهي:

القسم الأول: في قرطبة وما حولها في وسط الأندلس.

القسم الثاني: في أشبيلية وما اتصل بها من غرب الأندلس.

القسم الثالث: في بلنسية وما يليها من مشرق الأندلس.

القسم الرابع: في الملمين بالأندلس والطارئين عليها من أفريقيا والمشرق[1].

ويأخذ ابن بسام العهد على نفسه وقف كتابه على أدباء الأندلس والوافدين

(١) الذخيرة في محاسن أهل الجزيرة. أبو الحسن علي بن بسام، ١:١ - ١٨ - جامعة فؤاد الأول، القاهرة، ١٩٣٩م.

عليها. ويؤكد التزامه بالترجمة لأدباء القرن الذي يعيش فيه دون سواه من العصور السابقة. فيقول: «ولم أعرض لشيء من أشعار الدولة المروانية، ولا المدائح العامرية، إذ كان ابن فرج الجيّاني قد رأى رأيي في النصفة، وذهب مذهبي في الأنفة، فأملى في محاسن أهل زمانه «كتاب الحدائق» معارضاً «كتاب الزهرة» للأصبهاني، فأضربت أنا عمّا ألف، ولم أعرض لشيء مما صنف، ولا تعديت أهل عصري ممن شاهدته بعمري، أو لحقه بعض أهل دهري، إذ كل مردّد ثقيل، وكل متكرر مملول»(1).

ورغم قول ابن بسام هذا، فإنه يخرج على منهجه، ويترجم لأدباء مشارقة لم تطأ أقدامهم أرض المغرب والأندلس، بل إنهم ليسوا من رجال القرن الخامس. «إنه ترجم للعديد من المشارقة من رجال القرن الرابع مثل الشريف الرضي ومهيار الديلمي وأبي منصور الثعالبي وغيرهم»(2).

ويتسم الكتاب بغزارة النصوص. ولقد نشر من الكتاب ثلاثة مجلدات وذلك في سنة ١٩٣٩م، بتحقيق ليفي بروفنسال وطه حسين. ولقد طبع الكتاب كاملاً في ثمانية مجلدات بتحقيق الدكتور إحسان عباس عام ١٩٧٨م.

معجم الأدباء:

تأليف ياقوت بن عبد الله الحموي. ولد عام ٥٧٤هـ وتوفي عام ٦٢٦هـ.

جمع ياقوت في هذا المعجم الضخم أخبار النحويين، واللغويين، والمؤرخين، والإخباريين، والوراقين، والكتاب وأصحاب الخطوط، وكل من اتصل بالأدب. واستثنى الشعراء- إذ أفرد لهم كتاباً خاصاً لم يصل إلينا- إلا من عرف إلى جانب الشعر بالتصنيف والتأليف كأبي العلاء المعري والبحتري. وقد بين خطته في مقدمة الكتاب فقال: «وجمعت في هذا الكتاب ما وقع إليّ من أخبار النحويين، واللغويين،

---

(١) الذخيرة: ١:٢.

(٢) مناهج التأليف عند العلماء العرب. د. مصطفى الشكعة، ص: ٦٤١- دار العلم للملايي، بيروت، ١٩٧٩م.

والنسابين، والقراء المشهورين، والإخباريين، والمؤرخين، والوراقين المعروفين، والكتاب المشهورين، وأصحاب الرسائل المدونة، وأرباب الخطوط المنسوبة والمعيَّنة، وكل من صنف في الأدب تصنيفاً، أو جمع في فنه تأليفاً مع إيثار الاختصار والإعجاز في نهاية الإيجاز، ولم آل جهداً في إثبات الوفيات، وتبين المواليد والأوقات، وذكر تصانيفهم، ومستحسن أخبارهم، والإخبار بأنسابهم، وشيء من أشعارهم»[1].

وقد التزم في ترتيب الذين ترجم لهم حروف المعجم التزاماً دقيقاً، ورتب المواد هجائياً، وراعى هذا الترتيب في اسم المترجم له واسم أبيه[2].

ويعد هذا الكتاب أضخم معجم للأدباء على اختلاف اختصاصهم. وهو من أجمع ما صنف في بابه.

والجدير بالذكر أن للكتاب اسماً آخر هو «إرشاد الأريب إلى معرفة الأديب» ولكن غلب على هذا الكتاب اسم معجم الأدباء.

ولقد طبع الكتاب عدة طبعات. وقام بالإشراف على الطبعة الأولى من هذا الكتاب المستشرق مارجيلوث عام ١٩٠٧م. كما قام بالإشراف على إصدار الطبعة الثانية أحمد فريد الرفاعي، وطبعت بدار المأمون المصرية عام ١٩٣٦م.

---

(١) معجم الأدباء. ياقوت الحموي، ١: ٤٨، ٤٩ - دار إحياء التراث العربي.

(٢) المصدر نفسه، ص: ٥١.

المصادر والمراجع

١- الأعلام. خير الدين الزركلي. دار العلم للملايين، بيروت، لبنان، ١٩٧٩.

٢- الأغاني. أبو الفرج الأصفهاني. دار إحياء التراث العربي، بيروت، لبنان.

٣- البحوث الأدبية مناهجها ومصادرها. محمد عبدالمنعم خفاجي. دار الكتاب
    اللبناني، بيروت، ١٩٨٠م.

٤- البيان والتبيين. الجاحظ. دار صعب بيروت.

٥- جمهرة أشعار العرب. دار صادر، ودار صعب، بيروت، ١٩٦٣م.

٦- الحماسة البصرية. البصري. عالم الكتب، بيروت.

٧- الذخير في محاسن أهل الجزيرة. أبو الحسن علي بن بسام، القسم الأول، المجلد
    الأول، جامعة فؤاد الأول، القاهرة، ١٩٣٩م.

٨- شرح ديوان الحماسة «أبو تمام». شرح أبي زكريا يحيى بن علي التبريزي. عالم
    الكتب. بيروت.

٩- الشعر والشعراء. ابن قتيبة. طبع ليدن. بمطبعة بريل، سنة ١٩٠٢م.

١٠- صبح الأعشى في صناعة الإنشا. أحمد بن علي القلقشندي. شرح وتعليق محمد
    حسين شمس الدين. دار الكتب العلمية، بيروت، لبنان، ١٩٧٨م.

١١- طبقات الشعراء الجاهليين والإسلاميين. أبو عبد الله بن سلام الجمحي.

١٢- العقد الفريد. ابن عبدربه. تحقيق محمد سعيد العريان. دار الفكر.

١٣- عيون الأخبار. أبو محمد عبد الله بن مسلم بن قتيبة الدينوري. المجلد
    الأول. دار الكتب المصرية. ١٩٢٥م.

١٤- الفهرست. ابن النديم. المكتبة التجارية الكبرى، بمصر.

١٥- كتاب الحماسة. أبو عبد الله الوليد بن عبيد البحتري. تحقيق الأب لويس
    شيخو اليسوعي، بيروت، ١٩١٠م.

١٦- كتاب الأمالي. أبو علي القالي. المكتب التجاري للطباعة والنشر والتوزيع، بيروت.

١٧- الكامل في اللغة والأدب. أبو العباس محمد بن يزيد المعروف بالمبرد. مكتبة المعارف، بيروت.

١٨- محاضرات في الأدب المملوكي والعثماني. د. عمر موسى باشا. مطبعة الإحسان، دمشق، ١٩٧٩م.

١٩- مصادر التراث العربي في اللغة والمعاجم والأدب. د. عمر الدقاق. مكتبة دار الشرق: بيروت، لبنان.

٢٠- معجم الأدباء. ياقوت الحموي. دار إحياء التراث العربي.

٢١- مع المكتبة العربية. د. عبدالرحمن عطية. مطبعة أوفست. حلب، ١٩٧٨.

٢٢- المفضليات. أبو العباس المفضل بن محمد الضبي. تحقيق وشرح أحمد محمد شاكر وعبدالسلام محمد هارون. القاهرة، ١٩٦٤.

٢٣- مناهج التأليف عند العلماء العرب. د. مصطفى الشكعة. دار العلم للملايين بيروت ١٩٧٩م.

٢٤- نهاية الأرب في فنون الأدب. شهاب الدين أحمد بن عبدالوهاب النويري. دار الكتب المصرية، القاهرة، ١٩٥٥م.

٢٥- نظرة تاريخية في حركة التأليف عند العرب في اللغة والأدب. د. أمجد الطرابلسي مكتبة دار الفتح، دمشق، ١٩٨٢م.

٢٦- يتيمة الدهر في محاسن أهل العصر. أبو منصور عبدالملك بن محمد الثعالبي. تحقيق محيي الدين عبدالحميد. دار الفكر، بيروت، ١٩٧٣م.

الفصل الخامس
المصادر الدينية

د. أحمــد حمــاد
د. مأمون فريز جـرار

المصادر الدينية

لا نبالغ حين نقول: إن نشأة التأليف في العربية وقيام المكتبة العربية إنما كانا أثراً من آثار القرآن ونشأ حوله ولخدمته. ذلك أنه الكتاب الأول في المكتبة العربية الذي أذن النبي صلى الله عليه وسلم أول الأمر أن يكتب عنه حين قال: «لا تكتبوا عني غير القرآن، ومن كتب عني غير القرآن فليمحه»[1].

وكتب عدد محدود من الصحابة الحديث النبوي في عهده عليه الصلاة والسلام، ثم قامت من بعد ذلك حركة علمية حول القرآن الكريم، كتابة ورواية وتفسيراً، وبياناً للناسخ والمنسوخ، وتحديداً لأسباب النزول، وبياناً لمُشْكله ومتشابهه، ومجازه وغريبه، وبيان فضائله. ولفهم القرآن الكريم كان لا بد من الوقوف على الحديث النبوي، الذي هو في حقيقته تفسير للقرآن الكريم، فبدأ الاهتمام بالحديث النبوي، وجمعت نصوصه، وقامت حوله علوم. ولفهم القرآن الكريم الذي أنزل بلسان عربي مبين كان لا بد من جمع كلام العرب لمعرفة ما تدل عليه ألفاظهم، وليفهم القرآن الكريم في ضوء ذلك، وقد كان هذا الجمع مقدمة لظهور علوم العربية التي وجدت لخدمة النص القرآني، فاستنبطت قواعد النحو لتضبط الألسنة بالقرآن الكريم، وبدأت دراسات البلاغة والإعجاز لإدراك حقيقة الإعجاز وتبين ما بين كلام الله عز وجل وكلام البشر من الفروق.

وهكذا قامت علوم القرآن وعلوم الحديث وعلوم العربية وامتدت مع الزمن وازدادت حتى صارت المؤلفات فيها تفوق الحصر.

وإلى جانبهما قام علم التاريخ بدءاً من الرغبة في معرفة السيرة النبوية، وأخبار الصحابة، ومسيرة الفتوح. وليس القصد من هذا التقديم الإحاطة بفروع التأليف ذات الصلة بالقرآن الكريم، ولكنها إشارة لا بدّ منها.

إن الوقوف على أبرز المصادر في مختلف مجالات العلم الشرعي ضرورة دينية

---

(١) صحيح الجامع الصغير، الحديث رقم ٧٤٣٤، جـ ٢، ص: ١٢٣٩.

فضلاً عن كونها ضرورة ثقافية لأنها تتيح للإنسان الوقوف على ما يلزمه من المصادر، ويغنيه عن السؤال إلا فيما هو مشكل يحتاج إلى اجتهاد أولي العلم. وسيكون الحديث عن هذه المصادر في اتجاهين متداخلين، أولهما: فيه شيء من النزعة التاريخية، والآخر يقف على المصادر ذات الفائدة للقارئ المعاصر. وليس القصد الإحاطة بالمصادر في كل مجال، بل التمثيل المغني، ومن أراد الاستزادة فالمكتبة الدينية من أخصب فروع المكتبة العربية.

القرآن الكريم وعلومه:

لقي القرآن الكريم منذ نزوله عناية لم يلقها كتاب غيره على هذه الأرض، وهذه العناية أثر من آثار الحفظ الرباني المتجلي في قوله تعالى: (إِنَّا نَحْنُ نَزَّلْنَا الذِّكْرَ وَإِنَّا لَهُ لَحَافِظُونَ) .

ولو رجعت إلى كتاب الفهرست لابن النديم وقرأت ما سطره من حديث عن عناية المسلمين بالقرآن الكريم لوجدت مصداق ما قلته لك.

لقد كان المتقنون من الكتاب أو (الخطاطين) يسخّرون موهبتهم في إخراج نسخ متقنة من القرآن الكريم. وفي هذا الزمان الذي تقدمت فيه فنون الطباعة لقي القرآن الكريم العناية في كل ديار الإسلام وتسابق المتقنون لفن الخط لكتابة نسخ منه ليكون لهم الأجر.

ومن أشهر الطبعات التي شاعت بين المسلمين في السنوات الأخيرة الطبعة الصادرة في المدينة المنورة عن مجمع الملك فهد لطباعة القرآن الكريم، وهي بقلم الخطاط السوري عثمان طه، وقد راجعتها لجان من العلماء المتقنين لعلوم القرآن الكريم.

ومع العناية بالقرآن الكريم وجدت عناية بعلومه. فمع إتقان الكتابة كان لا بد من إتقان القراءة، ومعرفة وجوهها: ما صح منها عن النبي صلى الله عليه وسلم وما لم يصح. ومن هنا نشأ علم القراءات. وألفت فيه كتب من قديم، تحدثت عن أخبار القراء السبعة

ومن روى عنهم[1].

ومن المعروف أن القراءات تؤخذ سماعاً، ولكن العلماء حرصوا على تدوينها في الكتب. ومن الكتب المشهورة في القراءات:

١. التيسير في القراءات السبع لأبي عمرو الداني.

٢. النشر في القراءات العشر لابن الجزري.

٣. إملاء ما منّ به الرحمن من وجوه الإعراب والقراءات في جميع القرآن للعكبري.

وإذا كانت القراءات منها المعتمد ومنها المردود الذي يسمى بالقراءات الشاذة فإن العلماء ألفوا في كلا النوعين. ومن ذلك:

- مختصر في شواذ القراءات لابن خالويه[2].

تفسير القرآن

اهتم المسلمون بتفسير القرآن في عهد مبكر، فقد جلس بعض الصحابة لتفسير القرآن، ومن أشهرهم ابن عباس، رضي الله عنهما، ولذلك نجد مما يذكر من كتب التفسير المبكرة:

كتاب ابن عباس - رواه مجاهد.

كتاب تفسير عكرمة عن ابن عباس.

كتاب تفسير سعيد بن جبير.

وقد امتدت حركة التأليف في التفسير عبر الزمان. ومن أهم الكتب التي أرخت لحركة التفسير كتاب: التفسير والمفسرون للدكتور محمد حسين الذهبي، الذي بحث في «نشأة التفسير وتطوره، وألوانه ومذاهبه، مع عرض شامل لأشهر المفسرين، وتحليل كامل لأهم كتب التفسير، من عصر النبي صلى الله عليه وسلم إلى عصرنا

---

(١) انظر: الفهرست لابن النديم ص٤٢، ٥٣.

(٢) انظر: مباحث في علوم القرآن، د. صبحي الصالح، ص٢٤٧ فصل: علم القراءات ولمحة عن القراء.

الحاضر[1].

فأما التفسير بالمأثور فيشمل «ما جاء في القرآن نفسه من البيان والتفصيل لبعض آياته، وما نقل عن الرسول صلى الله عليه وسلم، وما نقل عن الصحابة رضوان الله عليهم، وما نقل عن التابعين من كل ما هو بيان وتوضيح لمراد الله تعالى من نصوص كتابه الكريم»[2].

وأما التفسير بالرأي فمنه المقبول ومنه المردود. وقد جاء في تفسير مدلوله بأنه «تفسير القرآن بالاجتهاد بعد معرفة المفسر لكلام العرب ومناحيهم في القول، ومعرفته للألفاظ العربية، ووجوه دلالتها، واستعانته في ذلك بالشعر الجاهلي، ووقوفه على أسباب النزول، ومعرفته بالناسخ والمنسوخ من آيات القرآن، وغير ذلك من الأدوات التي يحتاج إليها المفسر»[3]. وهذا هو التفسير المقبول. وأما الرأي المذموم، فهو الذي يقوم على البحث عن أدلة لأقوال ومذاهب فيها انحراف، وذلك بتأويل آيات القرآن الكريم تأويلاً يخرج بها عن أصل معناها، وحقيقة دلالتها[4].

وقد ألف في كل من هذه المجالات كتب في التفسير.

ومن أشهر كتب التفسير بالمأثور:

١. جامع البيان في تفسير القرآن للطبري الذي يعده أهل العلم شيخ المفسرين ولتفسيره منزلة عظيمة لدى العلماء.
٢. تفسير القرآن العظيم لابن كثير، وهو كتاب مختصر في التفسير عظيم الفائدة، ومؤلفه يرجح الأقوال، وقد شاع هذا الكتاب بين طلبة العلم في زماننا.
٣. الدر المنثور في التفسير المأثور للسيوطي.

ومن الكتب المهمة في التفسير بالرأي الجائز أو المقبول، التي نجد فيها

---

(١) ورد هذا البيان على غلاف الكتاب تحت العنوان الرئيسي (التفسير والمفسرون).

(٢) التفسير والمفسرون، ١٥٢/١.

(٣) المصدر السابق ٢٥٥/١.

(٤) انظر: المصدر السابق ٣٦٣/١- ٣٦٧.

اجتهادات للمفسرين مرضية لدى أهل العلم:

١) مفاتيح الغيب لفخر الدين الرازي.

وقد اهتم الرازي ببيان المناسبات بين آيات القرآن وسوره، واهتم بالعلوم الرياضية والفلسفة.

٢) أنوار التنزيل وأسرار التأويل - المشهور بتفسير البيضاوي نسبة إلى مؤلفه.

٣) البحر المحيط- لأبي حيان الأندلسي.

٤) تفسير الجلالين، نسبة إلى مؤلفي هذا التفسير:

جلال الدين المحلي، وجلال الدين السيوطي. وهو تفسير مطبوع على هامش المصحف، وشائع بين المسلمين.

٥) روح المعاني في تفسير القرآن العظيم والسبع المثاني. لشهاب الدين الآلوسي.

ومن الكتب التي أدرجها العلماء في باب التفسير بالرأي المذموم لاحتوائه على مخالفات لمذهب أهل السنة، كتب التفسير المعتمدة لدى المعتزلة، ومنها الكشاف للزمخشري، وهو مع احتوائه على آراء مخالفة لأهل السنة فإنه لقي اهتماماً من علماء السنة أنفسهم فعلقوا عليه وكتبوا الهوامش التي تنقد ما خالفهم فيه.

ومنها كتب التفسير الصوفي ومنها التفسير المنسوب لابن عربي[1]، وتفاسير الفلاسفة ومنها تفسيرات إخوان الصفا، وابن سينا[2].

وقد ألف في العصر الحديث عدد كبير من التفاسير التي راعى مؤلفوها لغة العصر، وما وصل إليه العلم من آفاق لم تكن معلومة فيما مضى.

ومن هذه التفاسير:

- تفسير المنار لمحمد رشيد رضا الذي سار فيه على منهج أستاذه الشيخ محمد عبده. وأدرجه الشيخ الذهبي تحت ما سماه: (اللون الأدبي الاجتماعي).

---

(١) انظر: التفسير والمفسرون جـ٢، ص١٢.

(٢) انظر: المرجع السابق، ص٨٣.

- في ظلال القرآن لسيد قطب، وهو تفسير استوعب ما في التفسير المأثور من أقوال، وأضاف إليها خواطر ودروساً مستوحاة من القرآن الكريم مع نظر إلى واقع الإسلام والمسلمين في العصر الحديث، بأسلوب أدبي راق.
- التفسير الحديث لمحمد عزة دروزة، وقد رتبه وفق تاريخ نزول السور.
- صفوة التفاسير للشيخ محمد علي الصابوني.
- محاسن التأويل - تفسير الشيخ جمال الدين القاسمي.

ومن ألوان التفسير الخاصة، ما سمي بتفسير الفقهاء[1]. واشتهر بكتب أحكام القرآن، وهو تفسير يهتم بآيات الأحكام ولا يستوعب القرآن الكريم كله. ومن أشهر هذه الكتب اليت سعى مؤلفوها إلى استنباط أحكام وفق المذاهب الفقهية:

أحكام القرآن لأبي بكر الجصاص في الفقه الحنفي.

أحكام القرآن للكيا الهراسي في الفقه الشافعي.

أحكام القرآن لأبي بكر بن العربي في الفقه المالكي.

روائع البيان تفسير آيات الأحكام من القرآن لمحمد علي الصابوني.

كتب غريب القرآن الكريم

وهي الكتب التي تفسر الكلمات التي يصعب على بعض الناس فهمها. وقد تداول العلماء التأليف في هذا الباب ومن أشهر الكتب:

- غريب القرآن لأبي عبيدة.
- غريب القرآن لابن قتيبة.
- غريب القرآن للسجستاني، وقد طبع على هامش المصحف.

كتب في إعجاز القرآن الكريم

وقد اهتم العلماء في البحث عن وجوه إعجاز القرآن الكريم من قديم ليكون ذلك سبيلاً إلى رد مطاعن المخالفين، وتثبيت قلوب المؤمنين. ومن هذه الكتب:

---

(١) انظر: التفسير والمفسرون ٩٨/٢.

- دلائل الإعجاز لعبد القاهر الجرجاني.
- إعجاز القرآن - للقاضي الباقلاني.
- إعجاز القرآن- لمصطفى صادق الرافعي.
- التصوير الفني في القرآن الكريم لسيد قطب.
- الظاهرة القرآنية لمالك بن نبي.

كتب جامعة في علوم القرآن

ألف العلماء قديماً وحديثاً كتباً جامعة فيها حديث عن مختلف العلوم التي نشأت حول القرآن الكريم مع أقوال العلماء في كل مسألة، وبيان ما ألف فيها من كتب. ومن هذه المؤلفات:

١- البرهان في علوم القرآن للزركشي.

٢- الإتقان في علوم القرآن للسيوطي.

٣- مناهل العرفان في علوم القرآن للشيخ عبد العظيم الزرقاني.

وهناك مؤلفات لم تستوعب علوم القرآن كلها، وإنما ضمت مباحث في هذه العلوم ألفها عدد من أساتذة الجامعات في زماننا لطلبتهم ومنها:

مباحث في علوم القرآن للدكتور صبحي الصالح.

مباحث في علوم القرآن للشيخ مناع القطان.

لمحات في علوم القرآن للدكتور محمد لطفي الصباغ.

وغيرها كثير.

معاجم في خدمة القرآن الكريم

سعى بعض المؤلفين إلى تيسير وصول طلبة العلم إلى مرادهم من القرآن الكريم آيات وألفاظاً وموضوعات. ولتحقيق هذه الغاية صنعوا معاجم للألفاظ والموضوعات، ومن أشهرها:

- المعجم المفهرس لألفاظ القرآن الكريم لمحمد فؤاد عبد الباقي ولهذا المعجم فوائد عديدة، منها: أن الباحث يستطيع معرفة رقم الآية والسورة التي

وردت فيها باتخاذ أي اسم أو فعل من الآية مدخلاً إلى المعجم، وقد رتب المعجم ترتيباً هجائياً وفق أصول المفردات ونجد تحت كل أصل الآيات التي ورد فيها، وما ورد من مشتقاته. ونجد بالإضافة إلى معرفة رقم الآية والسورة التي وردت فيها عدد مرات ورود تلك الكلمة في القرآن الكريم، وهل الآية مكية أو مدنية.

- معجم الأدوات والضمائر في القرآن الكريم للدكتور إسماعيل العمايرة، والدكتور عبد الحميد السيد.

وقد جعله المؤلفان تتمة لمعجم محمد فؤاد عبد الباقي لأنه فهرس الأسماء الظاهرة والأفعال الواردة في القرآن ولم يفهرس الضمائر والحروف.

وإلى جانب هذين المعجمين المفهرسين لألفاظ القرآن الكريم نجد مؤلفات تجمع الآيات الواردة في موضوع معين، وهناك كتب كثيرة في هذا المجال، منها:

- تفصيل آيات القرآن الحكيم، الذي وضعه بالفرنسية جون لابوم، وصنع مستدركاً له إدوار مونتيه. ونقل الأصل والمستدرك إلى العربية الأستاذ محمد فؤاد عبد الباقي. وقد جاء على غلاف الكتاب:

«مقسم إلى ١٨ باباً، وهي: التاريخ، محمد صلى الله عليه وسلم، التبليغ، بنو إسرائيل، التوراة، النصارى، ما بعد الطبيعة، التوحيد، القرآن، الدين، العقائد، العبادات، الشريعة، النظام الاجتماعي، العلوم والفنون، التجارة، علم تهذيب الأخلاق، النجاح. وتحت كل باب منها فروع تبلغ جميعها ٣٥٠ فرعاً. وتحت كل فرع جميع ما ورد فيه من آيات التنزيل، مما لم يسبق جمعه وتنسيقه في كتاب».

الحديث النبوي:

اتخذ التأليف في الحديث النبوي اتجاهين:

الأول: جمع نصوص الحديث النبوي.

والآخر: كتب في علوم الحديث النبوي.

كتب الحديث النبوي

تعددت مناهج المؤلفين في جمع نصوص الحديث النبوي ومن أبرزها:

- المسانيد: أي رواية الأحاديث حسب رواتها، وهذا يعني أن ما رواه صحابي ما يوضع في قسم خاص من الكتاب بغضّ النظر عن موضوعه. ومن أشهر المسانيد مسند أحمد بن حنبل[(١)].

- تأليف الكتب وفق الموضوعات، وتعددت مسميات الكتب وفق اصطلاحات العلماء. ومنها:

الجامع: وهو الكتاب الذي يضم أحاديث في أبواب ثمانية هي: العقائد، والأحكام، والرقاق، وآداب الطعام والشراب، والتفسير والتاريخ والسير، والشمائل، والفتن، والمناقب والمثالب.

ومن الجوامع: كتابا البخاري والترمذي[(٢)].

كتب السنن: وهي كتب تكتفي بذكر الأحاديث وتقتصر عليها ولا تذكر شيئاً من الآثار (أي أقوال الصحابة) وتلتزم غالباً الترتيب على أبواب الأحكام الفقهية. ومن كتب السنن كتاب أبي داود.

ومن أشهر كتب، الحديث النبوي، الكتب الستة:

١. صحيح البخاري.
٢. صحيح مسلم.
٣. سنن أبي داود.
٤. جامع الترمذي.
٥. سنن النسائي.
٦. سنن ابن ماجه.

(١) الحديث النبوي: د. محمد لطفي الصباغ، ص ٢٨٤.
(٢) المرجع السابق.

وكذلك:

- موطأ الإمام مالك.
- مسند الإمام أحمد بن حنبل.

وإلى جانب هذه الكتب. وجدت مصنفات في الحديث النبوي في موضوعات جزئية.. ومنها:

كتب أحاديث الأحكام، ومن أشهرها:

- بلوغ المرام من أحاديث الأحكام - لابن حجر العسقلاني، وقد شرحه الصنعاني في الكتاب المشهور: سبل السلام.
- المنتقى في الأحكام - لعبد السلام بن تيمية وقد شرحه الشوكاني في نيل الأوطار.

ومن الكتب كذلك كتب المختارات، ومن أشهرها:

- رياض الصالحين للإمام النووي، وهو كتاب في الفضائل والمنهيّات، وهو كتاب جامع للأحاديث التربوية. ولقي شهرة كبيرة في ديار الإسلام كلها.
- الترغيب والترهيب للمنذري. وهو كما يبدو من عنوانه يضم الأحاديث المرغبة في الخيرات، والمرهبة عن المنكرات.
- المتجر الرابح في ثواب العمل الصالح لشرف الدين الدمياطي. وهو كتاب في الترغيب وحده دون الترهيب.

ومن الكتب المؤلفة حديثاً في أحاديث الرسول عليه وآله الصلاة والسلام:

- اللؤلؤ والمرجان فيما اتفق عليه الشيخان لمحمد فؤاد عبد الباقي، وكما هو واضح في عنوانه يضم الأحاديث التي وردت في صحيحي البخاري ومسلم معاً، وهي الأحاديث التي يشار إليها في كتب الأحاديث وعلى ألسنة المتحدثين بأحكام هي: متفق عليه، رواه الشيخان.
- التاج الجامع للأصول في أحاديث الرسول للشيخ منصور علي ناصيف وهو يضم الأحاديث التي وردت في الكتب الخمسة مرتبة في أبواب.

والكتب هي: صحيح البخاري، وصحيح مسلم، وجامع الترمذي، وسنن أبي داود، وسنن النسائي.

وقد سعى العلماء إلى تيسير وصول الباحثين إلى ما يريدون من الأحاديث النبوية، ولهم في ذلك مناهج وأساليب مختلفة، منها:

١- ترتيب الأحاديث ترتيباً هجائياً وفق أوائل الأحاديث، ومن الكتب التي سارت على هذا المنهج:

- ❖ الجامع الصغير للسيوطي. وقد حققه الشيخ ناصر الدين الألباني وجعله في قسمين: صحيح الجامع الصغير- ويضم الأحاديث الصحيحة والحسنة. وضعيف الجامع الصغير، ويضم الأحاديث الضعيفة والموضوعة، وتيشير في نهاية كل حديث إلى المصادر التي ورد فيها الحديث.
- ❖ كشف الخفا ومزيل الإلباس فيما اشتهر من الأحاديث على ألسنة الناس للشيخ العجلوني. والهدف من هذا الكتاب هو جمع الأحاديث المشتهرة وبيان حكمها وما فيها من فوائد..

٢- فهرسة الأحاديث لفظياً أو موضوعياً ومن أمثلة ذلك:

- المعجم المفهرس لألفاظ الحديث النبوي الذي وضعه مجموعة من المستشرقين ويرجع إلى هذا الكتاب لمعرفة أمكنة ورود الحديث في عدد من الكتب هي: البخاري ومسلم وأبو داود والترمذي والنسائي وابن ماجه وموطأ الإمام مالك، ومسند الإمام أحمد بن حنبل وسنن الدارمي. ويتم استخدامه كاستخدام العجم المفهرس لألفاظ القرآن الكريم، بتجريد أي كلمة من الحديث النبوي (اسماً أو فعلاً) من حروف الزيادة، والرجوع إليها في بابها، فنجد كل الأحاديث التي وردت فيها الكلمة ومشتقاتها، ونجد إلى جانب الحديث رموزاً تشير إلى الكتب التي ورد فيها. وهو معجم يختصر الوقت والجهود في الوصول إلى المعلومات، ولا يعرف قدره إلا من عانى من ضياع الوقت في مراجعة المعلومات في مظانها.

– مفتاح كنوز السنة للمستشرق فنسنك وقد ترجمه إلى العربية الأستاذ محمد فؤاد عبد الباقي الذي خدم السنة النبوية والقرآن الكريم بأعمال كثيرة من تحقيق لكتب الحديث، وترجمة لأعمال المستشرقين في مجالهما، وإعداد للمعاجم الكاشفة عن المعلومات في مصادرها.

وهذا المعجم موضوعي هجائي، حيث رتبت الأحاديث وفق موضوعاتها، ورتبت الموضوعات ترتيباً هجائياً. ويبين مواضع الحديث في الكتب التالية: صحيح البخاري، وصحيح مسلم، وسنن أبي داود وجامع الترمذي وسنن ابن ماجه وسنن النسائي، وسنن الدارمي، ومسند زيد بن علي، ومسند أبي داود الطيالسي، ومسند أحمد، وطبقات ابن سعد، وسيرة ابن هشام، ومغازي الواقدي.

علوم الحديث

لقد ألفت كتب كثيرة في علوم الحديث، منها كتب في علوم خاصة، ومنها كتب جامعة لعلوم الحديث كلها.

ومن الكتب في علوم خاصة:

– تأويل مختلف الحديث لابن قتيبة: وهو كتاب في الأحاديث التي يبدو في ظاهرها التعارض، ويسعى المؤلف إلى رفع وهم التعارض في الأحاديث بترتيبها زمنياً وفق مبدأ الناسخ والمنسوخ، أو العام والخاص وهكذا..

– الاعتبار في الناسخ والمنسوخ من الآثار لأبي بكر الحازمي: وهو كتاب في الأحاديث التي نص العلماء على أن منها ناسخاً لحكم ورد في أحاديث سابقة منسوخة.

– الفائق في غريب الحديث للزمخشري، وهو كتاب يشرح الألفاظ التي تحتاج إلى شرح من أحاديث الرسول صلى الله عليه وسلم.

– النهاية في غريب الحديث لابن الأثير: وهو أوسع كتاب في هذا المجال استوعب مؤلفه ما سبقه من المؤلفات.

ومن الكتب التي ألفت في علوم الحديث بعامة قديماً وتعرف بعلوم مصطلح الحديث:

– مقدمة ابن الصلاح في علوم الحديث.

– تدريب الراوي في شرح تقريب النواوي للسيوطي.

ومن الكتب الحديثة في هذا المجال:

– علوم الحديث ومصطلحه للدكتور صبحي الصالح.

– أصول الحديث للدكتور محمد عجاج الخطيب.

– الحديث النبوي: مصطلحه/ بلاغته/ كتبه، للدكتور محمد لطفي الصباغ.

وكثير من هذه الكتب وما أشبهها ألفها أساتذة في الجامعات درسوا مادة علوم الحديث لطلبة الكليات الشرعية أو طلبة كلية الآداب.

ووراء هذه الكتب كتب في علوم رجال الحديث والجرح والتعديل مما يطول الحديث عنه.. وتجد تفصيله في كتب مصطلح الحديث.

الفقه: أصوله وفروعه:

والمقصود بأصول الفقه تلك القواعد الضابطة لاستنباط الأحكام الشرعية من مصادرها. وقد ألف العلماء في هذا المجال كتباً كثيرة، واختلاف العلماء في الأصول هو سبب نشوء مذاهب الفقه [1].

ومن أشهر هذه الكتب:

– الرسالة للإمام الشافعي.

– الإحكام في أصول الأحكام لابن حزم الظاهري.

– المستصفى من علم الأصول- للإمام الغزالي.

– المسوّدة في أصول الفقه – تعاقب على تأليفها ثلاثة من آل تيمية، ابن تيمية الحفيد والأب والجد.

---

(١) انظر مزيداً من التفصيل في: لمحات في المكتبة والبحث والمصادر د. محمد عجاج الخطيب ص ٢٦٢.

وقد ألف عدد من العلماء المعاصرين كتباً في أصول الفقه منها:

أصول الفقه للشيخ محمد أبو زهرة.

- أصول الفقه للشيخ عبد الوهاب خلاف.

وأما كتب فروع الفقه التي تتضمن الأحكام الشرعية مرتبة وفق الأبواب الفقهية، فهي كثيرة قديماً وحديثاً، ولكل مذهب من المذاهب كتبه المعتمدة [1].

ومن هذه الكتب القديمة:

- المبسوط للسرخسي (في الفقه الحنفي).

- المدونة الكبرى للإمام مالك (في الفقه المالكي).

- الأم للشافعي (في الفقه الشافعي).

- المغني لابن قدامة المقدسي (في الفقه الحنبلي).

ومن كتب الفقه المعاصرة:

- فقه السنة للشيخ سيد سابق.

- الفقه على المذاهب الأربعة للشيخ عبد الرحمن الجزيري.

- الحلال والحرام في الإسلام للدكتور يوسف القرضاوي.

- فقه الزكاة للدكتور يوسف القرضاوي.

ومما يدخل في المكتبة الدينية كتب الفكر الإسلامي المعاصر التي عالج فيها المؤلفون قضايا الإسلام في العصر الحديث، هذا العصر الذي طرأت فيه في الحياة الإسلامية طوارئ لا سوابق لها في التاريخ الإسلامي. حيث زالت دولة الخلافة، ودخلت إلى العالم الإسلامي دعوات لم تكن لها جذور في الحياة الإسلامية. وامتدت إلى ديار الإسلام أفكار غريبة المنشأ والانتماء. ومن المفكرين البارزين: محمد رشيد رضا، حسن البنا، سيد قطب، أبو الأعلى المودودي، أبو الحسن الندوي.

---

(١) انظر: المرجع السابق ص ٢٤٤.

المراجع

(١)   التفسير والمفسرون- د. محمد حسين الذهبي، دار الكتب الحديثة، القاهرة، ١٣٨١هـ/ ١٩٦١م.

(٢)   الحديث النبوي- د. محمد لطفي الصباغ، المكتب الإسلامي، بيروت، ١٤٠٧هـ/١٩٨٦م.

(٣)   لمحات في المكتبة والبحث والمصادر. د. محمد عجاج الخطيب، مؤسسة الرسالة بيروت ١٤٠٧هـ / ١٩٨٦م.

(٤)   الفهرست - ابن النديم، دار المعرفة للطباعة والنشر، بيروت.

الفصل السادس
المصادر التاريخية والجغرافية
د. مأمون فريز جرار

المصادر التاريخية

مقدمة:

يقول جبرائيل جبور في مقدمة تحقيقه لكتاب الكواكب السائرة في أعيان المئة العاشرة:

«لا أظن أن هناك أمة أغنى من الأمة العربية في كتب السير. ولا أظن أن مؤرخي أمة من الأمم التفتوا إلى تدوين سير مشاهير أمتهم كما التفت مؤرخو العرب. فمنذ أن بدأ ابن إسحاق بوضع سيرة النبي صلى اللـه عليه وسلم والواقدي وابن سعد في تأليف الطبقات إلى يومنا هذا، والصبغة الغالبة في الكتب العربية هي سير الأعلام من الرجال» [1].

لقد ارتبطت نشأة المكتبة التاريخية في تراثنا بالدين، ثم امتد التأليف فيها وتنوع، وليس من غاية هذا الفصل التأريخ المفصل لهذا اللون من مجالات التأليف بل تقديم لمحات عنه.

من المجالات التي شملها التأليف التاريخي:

السير والتراجم، وكتب الطبقات، والتاريخ الحولي، وتواريخ المدن، وتواريخ القرون، وظهرت في التأليف سلاسل من الكتب كان التالي منها ذيلاً على سابقه. ولنبدأ الحديث بشيء من التفصيل:

السير والتراجم:

وجد في المكتبة التاريخية سير مفردة لمشاهير وأعلام، ووجدت مؤلفات ضمّت مجموعات من سير أو تراجم عدد من الأعلام. وقد كانت بداية الاهتمام بالسير بسيرة النبي صلى اللـه عليه وسلم.

ووجدنا من علماء التابعين من يؤلف في السيرة ومنهم: عروة بن الزبير ابن

---

(١) الكواكب السائرة جـ أ، ص أ من المقدمة.

العوام، وأبان بن عثمان بن عفان، ووهب بن منبه، وابن شهاب الزهري، وعبد الله ابن أبي بكر بن حزم، ومن أشهر مؤلفي السيرة النبوية محمد بن إسحاق المتوفى نحو سنة (١٥٢هـ)، الذي جاء محمد بن هشام فاختصر كتابه، ونال المختصر شهرة واسعة.

لقد سار التأليف في السيرة في مسارين كما يقول محققو السيرة النبوية لابن هشام، الأول: سار على منهج المؤلفين السابقين وكان عمله الاختصار أو الشرح، أو النظم. ومن هذا الفريق السهيلي وأبو ذر الخشني وآخرون، والمسار الثاني: حاول أصحابه أن يعطوا لأنفسهم صفة الإبداع في التأليف، وذلك بجمع ما سبقه من المؤلفات ومحاولة الخروج بمؤلف جديد هو خلاصة جهد من سبقه. ومن هذا الفريق: ابن سيد الناس في كتابه: عيون الأثر في فنون المغازي والشمائل والسير. وشهاب الدين الرُّعيني الغرناطي له رسالة في السيرة والمولد النبوي، وعلي ابن برهان الدين الحلبي صاحب كتاب: إنسان العيون في سيرة الأمين المأمون الشهيرة بالسيرة الحلبية.

وقد نظم بعض الشعراء السيرة النبوية تسهيلاً لحفظها. ومنهم: عبد العزيز ابن أحمد المعروف بسعد الديري، وأبو الحسن فتح بن موسى القصري وغيرهما[1].

وإذا كان بعض المؤلفين قد أفرد السيرة النبوية في كتاب خاص فإن السيرة وردت في كتب التاريخ في سياقها الزمني. نجد هذا في تاريخ الطبري، وفي تاريخ ابن الأثير (الكامل في التاريخ) وفي كتاب البداية والنهاية لابن كثير.

ولم تقتصر كتابة السيرة على النبي صلى الله عليه وسلم، فقد شملت الخلفاء الراشدين ومن جاء بعدهم من الملوك والعلماء والصالحين وبعض هذه السير ضمّ عدداً من الصالحين أو المميزين، ومن ذلك كتاب المحب الطبري: (الرياض النضرة في مناقب العشرة) أي المبشرين بالجنة. ولو وقفنا على إنتاج مؤلف واحد هو ابن الجوزي لوجدنا له الكتب الآتيه:

---

(١) انظر مقدمة السيرة النبوية جـ أ، ص ٥- ٨.

فضائل عمر بن الخطاب، فضائل عمر بن عبد العزيز، فضائل سعيد ابن المسيب، فضائل الحسن البصري، مناقب الفضيل بن عياض، مناقب بشر الحافي، مناقب إبراهيم بن أدهم. مناقب سفيان الثوري، مناقب أحمد بن حنبل، مناقب معروف الكرخي، مناقب رابعة العدوية[1].

ومن كتب المناقب: مناقب أبي حنيفة للموفق المكي، ومناقب أبي حنيفة للكردري، ومناقب الشافعي للبيهقي.

ومن المؤلفين المشهورين في تأليف سير السلاطين القاضي محي الدين بن عبد الظاهر، ومن مؤلفاته: الروض الزاهر في سيرة الملك الظاهر (أي بيبرس)، وتشريف الأيام والعصور بسيرة الملك المنصور (أي قلاوون).

ومن سير السلاطين كتاب النوادر السلطانية والمحاسن اليوسفية للقاضي بهاء الدين بن شداد. وسيرة السلطان جلال الدين منكبري للنسوي. وسيرة أحمد ابن طولون لعبدالله بن محمد المديني البلوي.

وهذا الذي ذكرته غيض من فيض من السير التي يزخر بها تاريخنا. ولم يقتصر التأليف على سير الصالحين بل تعداه إلى بعض الطغاة، ومن أمثلة ذلك كتاب: عجائب المقدور في نوائب تيمور لابن عربشاه، وهو في سيرة تيمور لنك الذي هو علم من أعلام الإجرام في تاريخ البشرية.

ومن ألوان التأليف في السير كتب لا تقتصر على شخص أو أفراد معدودين، بل يشمل عدداً كبيراً ممن يشتركون في صفة من الصفات. ومن ذلك الكتب التي ألفت في صحابة الرسول صلى الله عليه وسلم، من أمثلتها:

الاستيعاب في معرفة الأصحاب لابن عبد البر.

وأسد الغابة في معرفة الصحابة لابن الأثير.

والإصابة في تمييز الصحابة لابن حجر العسقلاني.

(١) صفوة الصفوة - ابن الجوزي المقدمة ص ٨- ٩.

ومن الكتب التي تحدثت عن رجل الحديث النبوي:

- تذكرة الحفاظ للذهبي،

- تهذيب التهذيب لابن حجر العسقلاني.

ولم يختص رجال الحديث ورواته بهذا الباب من التأليف دون غيرهم، فقد ألفت كتب في شخصيات من مجالات مختلفة، ومن ذلك:

الشعر والشعراء لابن قتيبة.

الوزراء والكتاب للجهشياري.

ومنها: تاريخ قضاة الأندلس للنباهي.

والقضاة بقرطبة لمحمد بن حارث الخشني القروي.

وقضاة دمشق (ثغر البسام في ذكر من ولي قضاء الشام) لابن طولون.

ومن الكتب الجامعة في أخبار الصالحين:

حلية الأولياء لأبي نعيم الأصبهاني.

ومختصر صفة الصفوة لابن الجوزي.

وقد سلك بعض المؤلفين في إعداد كتب التراجم منهجاً معجمياً.. ومن ذلك:

- معجم الشعراء للمرزباني.

- ومعجم الأدباء لياقوت الحموي.

ومن الكتب الحديثة وفق هذا المنهج:

- معجم المؤلفين لعمر رضا كحالة.

- والأعلام لخير الدين الزركلي.

- وأعلام النساء لعمر رضا كحالة.

سلاسل من التراجم

ومن ألوان التأليف في التراجم سلاسل كانت تبدأ بكتاب ثم يتلوه مؤلفون يكتب التالي منهم ذيلاً على كتاب سابقه.

ومن هذه السلاسل ما أخذ طابع الخصوص، فكان محوره أصحاب موهبة معينة..
ومن ذلك السلسلة التي بدأها الثعالبي في يتيمة الدهر في مجالس أهل العصر.
ذلك الكتاب الذي أرخ فيه لشعراء القرن الرابع وبعض القرن الخامس.

ثم تلته كتب منها:

دمية القصر وعصرة أهل العصر للباخرزي.

زينة الدهر للحظيري.

وشاح الدمية لأبي الحسن علي بن زيد البيهقي.

والذخيرة في محاسن أهل الجزيرة لابن بسام الشنتريني.

وخريدة القصر للعماد الأصفهاني.

وقلائد العقيان- وهو في أخبار شعراء المغرب للفتح بن خاقان القيسي.

وعقود الجمان لأبي البركات مبارك بن أبي بكر الشعار الموصلي.

وريحانة الألبا وزينة الحياة الدنيا للشهاب الخفاجي.

ونفخة الريحانة ورشحة طلا الحانة لمحمد الأمين بن فضل الله المحبي.

وذيل النفحة ونيل المنحة للمؤلف نفسه.

سلافة العصر في محاسن الشعراء بكل مصر لابن معصوم الحيدري المدني.

وهناك سلسلة أخرى ولكنها لم تكن مختصة بأهل علم من العلوم أو من الفنون،
بل هي شاملة في تراجمها. وقد بدأها القاضي شمس الدين بن خلكان في كتابه:

– وفيات الأعيان وأنباء أبناء الزمان.

وتلته سلسلة من الكتب منها:

– فوات الوفيات لابن شاكر الكتبي.

– الوافي بالوفيات لصلاح الدين الصفدي وهو أوسع من سابقيه شمل ما فيهما
وزاد عليها كثيراً.

– المنهل الصافي والمستوفى بعد الوافي لابن تغري بردي.

ومن السلاسل ما اختصت كل حلقة منها بقرن من القرون ترجمت لأعلامه.

ومنها:

- الدرر الكامنة في أعيان المئة الثامنة لابن حجر العسقلاني.

ومن الكتب التي تلته وسارت على منهاجه:

- الضوء اللامع لأهل القرن التاسع للسخاوي.

- الكواكب السائرة بأعيان المئة العاشرة للغزّي.

- خلاصة الأثر في أعيان القرن الحادي عشر للمحبّي.

- سلك الدرر في أعيان القرن الثاني عشر للمرادي.

- حلية البشر في تاريخ القرن الثالث عشر لعبد الرزاق البيطار.

كتب الطبقات:

ومن مناهج التأليف في التراجم ما عرف بكتب الطبقات. والمقصود بالطبقة جيل من الناس أو أهل العلم، وهو لون من التأريخ حسب الترتيب الزمني لأجيال علم من العلوم أو وظيفة من الوظائف أو من ميادين الحياة. وهذا نوع من أنواع التأليف في الطبقات ونوع آخر هو عام لا يختص بمجال معين.

ومن العام: الطبقات الكبرى لابن سعد، الذي أرخ لسيرة الرسول صلى اللـه عليه وسلم، وللصحابة والتابعين حتى عصره.

ومنه كذلك سير أعلام النبلاء للذهبي.

وأما الطبقات الخاصة بمجال معيّن فأدع القول فيه للإمام السيوطي الذي تحدث في مقدمة كتابه «تاريخ الخلفاء» عن الداعي إلى تأليف كتابه فقال:

«والداعي إلى تأليف هذا الكتاب أمور، منها: أن الإحاطة بتراجم أعيان الأمة مطلوبة، ولذوي المعارف محبوبة. وقد جمع جماعة تواريخ ذكروا فيها الأعيان مختلطين، ولم يستوفوا، واستيفاء ذلك يوجب الطول والملال، فأردت أن أفرد كل طائفة في كتاب أقرب إلى الفائدة لمن يريد تلك الطائفة خاصة، وأسهل في التحصيل:

فأفردت كتاباً في الأنبياء صلوات اللـه عليهم وسلامه.

وكتاباً في الصحابة ملخصاً من الإصابة لشيخ الإسلام أبي الفضل بن حجر وكتاباً حافلاً في طبقات المفسرين.

وكتاباً وجيزاً في طبقات الحفاظ لخصته من طبقات الذهبي، وكتاباً جليلاً في طبقات النحاة واللغويين لم يؤلف قبله مثله.

وكتاباً في طبقات الأصوليين.

وكتاباً جليلاً في طبقات الأولياء.

وكتاباً في طبقات الفرضيين.

وكتاباً في طبقات البيانيين.

وكتاباً في طبقات الكتّاب- أعني أرباب الإنشاء.

وكتاباً في طبقات أهل الخط المنسوب.

وكتاباً في شعراء العرب الذين يحتج بكلامهم في العربية.

وهذه تجمع غالب أعيان الأمة. واكتفيت في طبقات الفقهاء بما ألفه الناس في ذلك لكثرته، والاستغناء به. وكذلك اكتفيت في القراء بطبقات الذهبي. وأما القضاة فداخلون فيمن تقدم. ولم يبق من الأعيان غير الخلفاء، مع تشوق النفوس إلى أخبارهم، فأفردت لهم هذا الكتاب[1].

وقد سبق العلماء السيوطي في تأليف كتب الطبقات في مختلف المجالات، ومن ذلك الطبقات الخاصة بعلماء المذاهب الفقهية التي أشار إليها السيوطي بأنها كثيرة بين أيدي الناس، ومنها:

طبقات الحنفية لابن كمال باشا.

وطبقات الشافعية للسبكي.

وطبقات الحنابلة لابن أبي يعلى.

وطبقات الفقهاء للشيرازي.

---

(١) تاريخ الخلفاء - ص ٥ - ٦.

ومن كتب الطبقات في الفرق والاتجاهات الإسلامية.

طبقات الصوفية للشعراني.

وطبقات أعيان الشيعة لآغا بزرك الطهراني.

وطبقات الشاذلية الكبرى- للحسن الفاسي.

ومن كتب الطبقات في مجالات مختلفة:

طبقات فحول الشعراء لمحمد بن سلام الجمحي.

وطبقات الشعراء لابن المعتز.

وطبقات النحويين واللغويين للزبيدي.

وطبقات النحاة واللغويين لابن قاضي شهبة.

وطبقات الأطباء والحكماء لابن جلجل.

وعيون الأنباء في طبقات الأطباء لابن أبي أصيبعة.

تواريخ المدن

ومما عني به المؤلفون التأريخ لأعلام المدن بإفراد بعض هذه المدن بتواريخ خاصة، تتحدث عمن نسب إليها، أو أقام فيها، أو مات فيها. ومن هذه الكتب:

- تاريخ جرجان للسهمي.
- كتاب تاريخ أصبهان لأبي نعيم.
- كتاب تاريخ بغداد للخطيب البغدادي.
- كتاب تاريخ دمشق لابن عساكر.
- الإحاطة في أخبار غرناطة.
- أخبار مكة للأزرقي.
- شفاء الغرام بأخبار البلد الحرام للفاسي.
- العقد الثمين في تاريخ البلد الأمين للفاسي للمؤلف نفسه.
- الأرج المسكي والتاريخ المكي لعبد القادر الطبري.

- عهدة الأخبار في مدينة المختار لأحمد بن عبد الحميد العباسي.

- الأنس الجليل بتاريخ القدس والخليل لمجير الدين الحنبلي.

التاريخ الحولي

والمنهج المتبع في هذا اللون من التأليف التاريخي هو ذكر الأحداث مرتبة ترتيباً زمنياً، سنة إثر سنة، وذلك بدءاً من التاريخ الهجري. والحديث قبل التاريخ الهجري يغلب أن يكون بإيراد نشأة الخلق، وتتابع الرسل، وذكر قصصهم وما كان من شأنهم مع أممهم. ومن أشهر كتب التاريخ الحولي:

- تاريخ الأمم والملوك لشيخ المؤرخين الإمام محمد بن جرير الطبري.

- الكامل في التاريخ لابن الأثير.

- تاريخ الإسلام وطبقات المشاهير والأعلام للذهبي.

- البداية والنهاية لابن كثير.

ما سبق ذكره من كتب التاريخ الحولي شامل لبلاد الإسلام كلها غير مختص بقطر دون آخر. وهناك نمط من التاريخ الحولي الخاص بقطر أو دولة في زمن معين. ومن ذلك:

- المقتبس في تلخيص أخبار المغرب لعبد الواحد المراكشي أرخ فيه للأندلس من الفتح حتى نهاية عهد الموحدين.

- الروضتين في أخبار الدولتين لأبي شامة المقدسي أرخ فيه للدولة الزنكية (عماد الدين وابنه نور الدين) وللدولة الصلاحية (صلاح الدين الأيوبي ومن جاء بعده من الأسرة الأيوبية).

- مفرج الكروب في أخبار بني أيوب، لابن واصل الحموي.

- تاريخ الدولتين الموحدية والحفصية لمحمد بن إبراهيم اللؤلؤي المعروف بالزركشي.

- عنوان المجد في تاريخ نجد لعثمان بن عبد الله بن بشر النجدي أرخ فيه لحركة الشيخ محمد بن عبدالوهاب وما نتج عنها من قيام الدولة السعودية.

هذه بعض اتجاهات التأليف في المكتبة التاريخية وبعض ما يمثلها من المصادر.

المصادر الجغرافية

وهي فرع عامر من فروع المكتبة العربية، وقد بدأ التأليف فيها على يد عدد من اللغويين الذي جمعوا رسائل ضمت الألفاظ ذات الصبغة الجغرافية. ونجد سلسلة من الرسائل التي تحمل اسم: الأنواء[(١)] لعدد من المؤلفين، منهم: أبو محلم الشيباني، والنضر بن شميل، وأبو زيد الأنصاري والمبرّد، وابن دريد[(٢)].

ونجد في أخبار النضر بن شميل أنّه ألف كتاب الصفات وهو أجزاء:

«الجزء الأول: يحتوي على خلق الإنسان، والجود والكرم وصفات النساء.

الجزء الثاني: يحتوي على الأخبية والبيوت وصفات الجبال والشعاب والأمتعة.

الجزء الثالث: للإبل فقط. الجزء الرابع: يحتوي على الغنم، الطير، الشمس، القمر، الليل، النهار، الألبان، الكمأة، الآبار، الأرشية، الدلاء، صفة الخمر، الجزء الخامس: يحتوي على الزرع، الكرم، العنب، أسماء البقول، الأشجار، الرياح، السحاب، الأمطار»[(٣)].

وفي هذا الوصف للكتاب ما ينبئ عن معلومات جغرافية في بعض أجزائه.

ومن الكتب ذات الصبغة الجغرافية كتاب المياه لأبي زيد الأنصاري، وكتاب جزيرة العرب للأصمعي، وكتاب أسماء السحاب والرياح والأمطار لأبي إسحاق إبراهيم بن سفيان بن زياد، وكتاب الحر والبرد والشمس والقمر والليل والنهار لأبي حاتم السجستاني[(٤)].

---

(١) الأنواء: جمع نوء، وهو سقوط النجم أو ميله في الأفق وكانت العرب تربط الأمطار بحركة النجوم. وقد جاء في ذلك أحاديث. انظر مختصر صحيح مسلم حديث ٥٦ ص ٢٠.

(٢) انظر: الفهرست لابن النديم: ص ٦٩، ٧٧، ٨٢، ٨٨، ٩٢.

(٣) المصدر السابق ص ٧٧.

(٤) انظر: المصدر السابق: ص٨١، ٨٢، ٨٦، ٨٧.

«ولم يكتف العلماء المسلمون بهذا اللون من التأليف ذي الصبغة الجغرافية، بل التفتوا إلى الجغرافيا في الحضارة الهندية والفارسية، ثم اليونانية، ما كان يتعلق منها بالأرض وأحوال أقاليمها، وخطوط الطول والعرض، والمدن، والجبال والبراري والبحار والأنهار، والسكان. وترجموا جغرافيا بطليموس التي كان لها أثر كبير في الجغرافيا العربية، واهتموا بالفلك، ووضعوا الجداول الفلكية، ووضعوا الخرائط»[1].

ولم يكن جهد علماء العرب والمسلمين مقصوراً على الأخذ ممن سبقهم، بل إنهم جاؤوا بالجديد المفيد، وها هي شهادة العالم الروسي الذي أحاط علماً بما كان في الحضارة الإسلامية في هذا المجال، وهو يقول عن الأدب الجغرافي في اللغة العربية:

«يجب الاعتراف على أية حال بأهميته العلمية القصوى، والتنوع الكبير في فنونه وأنماطه؛ ففيه تقابلنا الرسالة العلمية في الفلك والرياضيات، كما تقابلنا المداخل العلمية التي وضعت من أجل عُمّال الدواوين، وجمهرة المسافرين، وهو يقدم متعة ذهنية كبرى إذ نلتقي بنماذج أدبية فنية رائعة، صيغت بالسجع أحياناً. والمصنفات الموضوعة من أجل جمهرة القراء، يتراوح فيها العرض بين الجفاف والصرامة من جهة، والإمتاع والحيوية من جهة أخرى. وهنا تبدو مقدرة العرب الفائقة، وبراعتهم في فن القصص، ولقد أثار هذا الأدب اهتماماً بالغاً بسبب تنوعه، وغنى مادته، فهو تارة علمي، وتارة شعبي، وهو طوراً واقعي وأسطوري على السواء، تكمن فيه المتعة كما تكمن فيه الفائدة. ولهذا فهو يقدم لنا مادة دسمة متعددة الجوانب ليس لها مثيل في أدب أي شعب معاصر للعرب»[2].

إن الحديث عن الأدب الجغرافي في المكتبة العربية يسير في اتجاهين: الأول هو التأليف الجغرافي الذي أخذ ألواناً مختلفة تعتمد على إيراد المعلومات في صور متعددة والثاني: كتب الرحلات.

(١) تاريخ الأدب الجغرافي العربي، كرتسكوفسكي، ص١٠٥.
(٢) المصدر السابق ص ٢٧.

ونجد في الاتجاه الأول جهوداً كبيرة متتالية لعلماء من مختلف بقاع العالم الإسلامي، ونجد بعض العناوين التي تعاقب على التأليف فيها عدد من العلماء. ومنها:

المسالك والممالك لابن خرداذبه.

المسالك والممالك لابن حوقل.

المسالك والممالك للبكري.

المسالك والممالك للأصطخري.

وقريب من هذا العنوان:

مسالك الأبصار في ممالك الأمصار لابن فضل الله العمري.

ومن الكتب الجغرافية المشهورة:

أحسن التقاسيم في معرفة الأقاليم للمقدسي.

ونزهة المشتاق إلى اختراق الآفاق لابن فضل الله العمري.

وتقويم البلدان لأبي الفداء.

ومن الكتب التي جمعت خلاصة العلوم الجغرافية حتى القرن السابع الهجري معجم البلدان لياقوت الحموي.

ومن مميّزات هذا الكتاب أنه لا يضم المعلومات الجغرافية فحسب، بل يضم معلومات تاريخية وثقافية عن المواقع الجغرافية التي يتحدث عنها، مما يجعل أوجه الانتفاع به متعددة.

والاتجاه الثاني من اتجاهات التأليف في الجغرافيا هو أدب الرحلات، الذي كانت له في تراثنا ثمرات وفيرة ما تزال يانعة حتى عصرنا، وقد تعددت بواعث الرحلة، فمنها:

الرحلة في طلب العلم.

والرحلة للتجارة.

والرحلة للسفارة إلى البلاد الأخرى غير الإسلامية.

والرحلة إلى الحج.

وهناك بواعث أخرى دون هذه منزلة.

ومن الرحلات التي كان مبعثها طلب العلم، للتحقق من مواقع ذكرت في القرآن الكريم تلك الرحلات التي كانت في عهد الخليفة الواثق ومنها رحلة البحث عن موقع أهل الكهف قام بها عالم هو محمد بن موسى «توجهت بعد الحصول على موافقة إمبراطور بيزنطة إلى أسيا الصغرى لفحص كهف الرقيم بين عمورية (...) ونيقية (...)» والرحلة الثانية في عهد الواثق اشتهرت باسم رحلة سلاّم الترجمان، للبحث عن سد يأجوج ومأجوج[(١)].

ومن رحلات السفارة رحلة يحيى بن الحكم البكري (ت ٢٥٠هـ) الملقب بالغزال، الذي وجهه أمير قرطبة عبدالرحمن الثاني إلى دول شمال أوروبا. ورحلة ابن فضلان إلى بلاد البلغار بدعوة من ملكها، فقد طلب من الخليفة العباسي المقتدر بالله أن يبعث إليه من يعلمه وشعبه الإسلام[(٢)].

ومن رحلة التجارة رحلة سليمان التاجر أو سليمان السيرافي إلى بلاد الصين[(٣)].

وقد كان الحج من أهم روافد أدب الرحلات، ومن أشهر الرحلات التي ارتبطت به رحلة ابن جبير، ثم رحلة ابن بطوطة التي كان باعثها الأول الحج، ثم صار السفر ورؤية البلاد وما فيها هي الباعث له على مواصلة رحلته إلى آخر مداها. ولنقف مع هاتين الرحلتين وقفة قصيرة.

رحلة ابن جبير:

صاحب الرحلة هو أبو الحسين محمد بن أحمد بن جبير الكتاني الأندلسي الشاطبي، كان من علماء الأندلس في الفقه والحديث، وكانت له مشاركة في الأدب.

---

(١) تاريخ الأدب الجغرافي العربي ص١٥ وانظر: الرحلة والرحالة المسلمون، د. أحمد رمضان أحمد، ص ٣٨.

(٢) تاريخ الأدب الجغرافي العربي ص ٢٠٢، الرحلة والرحالة المسلمون، ص ٤٥.

(٣) تاريخ الأدب الجغرافي العربي ص ١٥٩ الرحلة والرحالة المسلمون، ص٤١.

وصفه لسان الدين بن الخطيب في كتابه: الإحاطة في أخبار غرناطة، بأنه «كان أديباً بارعاً، شاعراً مجيداً، سريّ النفس، كريم الأخلاق».. ولكن شهرته لم تقم إلا على كتابه المعروف برحلة ابن جبير[1].

وقد لقيت هذه الرحلة تقديراً لدى المؤلفين فهي «تحوي بعض المعلومات التي لا يستغني عنها مؤرخ، أو جغرافي، أو أديب يريد أن يدرس هذه الفترة المهمة من حياة الشرق الإسلامي، وقد رفع بها صاحبها هذا الضرب من الصياغة الأدبية إلى درجة عالية مما حد بالكثيرين إلى عدّها ذروة من ذرى ما بلغه نمط الرحلة في الأدب العربي[2].

ومن الذين حكموا بالجودة على رحلة ابن جبير كرتشكوفسكي الذي قال: «ويكوّن وصف الرحلة أحياناً قصة ممتازة يسجل فيها صاحبها كل ما رآه وما هو جدير بالاهتمام، وكثيراً ما تبلغ مستوى عالياً من الفن والصياغة الأدبية، ولعل أكثر الآثار قيمة دون منازع في هذا المجال رحلة ابن جبير»[3].

ابتدأ ابن جبير رحلته في شهر شوال سنة ثمان وسبعين وخمس مئة للهجرة، وانتهت في شهر محرم سنة إحدى وثمانين وخمس مئة. ابتدأ من الأندلس وتحدث عن أهوال البحر، ومن المعالم البارزة التي تحدث عنها:

الإسكندرية، والقاهرة، وقد تحدث عن صلاح الدين وعدله، وكان شديد الإعجاب به، إذ كان سلطان مصر عند مروره بها، وتحدث عن الحجاز: مكة والمدينة وأطال الحديث عن الحرمين وأحوالهما، ورحل إلى العراق وحدثنا عن الكوفة والحلة وبغداد، وقد ذكر مجالس وعظ الإمام ابن الجوزي وقال فيه «فلو لم نركب ثبج البحر، ونعتسف مفازات القفر إلا لمشاهدة مجلس من مجالس هذا الرجل لكانت الصفقة الرابحة، والوجهة المفلحة الناجحة..»[4].

---

(١) انظر: رحلة ابن جبير، مقدمة الناشر ص ٥.
(٢) أدب الرحلة عند العرب، د. حسني محمود حسين، ص ٣٢.
(٣) تاريخ الأدب الجغرافي العربي ص ٢٣١.
(٤) رحلة ابن جبير، ص ١٩٨.

ووصف ما شاهده من مدن العراق الأخرى: الموصل وتكريت، وانتقل إلى جنوب تركيا وشمال بلاد الشام، ووصف فيما وصف حلب وحماة وحمص ودمشق، وأطال الوقوف عندها. وتحدث عن جبل لبنان، وعن الحرب بين المسلمين والصليبيين، ودخل عكا وصور.. ثم عاد إلى بلاده في البحر، ووصف أحوال جزيرة صقلية التي كانت قد انتقلت من حكم المسلمين من قريب.. ومضى يتحدث عن أحوال رحلته إلى أن انتهت في بلده.

لقد جمع ابن جبير إلى جمال الأسلوب دقة التفصيلات التي تجعل الرحلة قيمة متعددة الأوجه، للمؤرخ والجغرافي والباحث في أحوال المجتمع الإسلامي في مختلف جوانبه.

لقد كان باعث ابن جبير إلى رحلته التوجه إلى الحج، وقد وجدها فرصة طيبة ألا يقتصر على زيارة الحجاز وحدها بل جال في مصر والعراق وبلاد الشام، وقيّد ما شاهده، وكان لذلك فضل عظيم في أدب الرحلة.

رحلة ابن بطوطة:

صاحب هذه الرحلة هو محمد بن عبد الله بن محمد بن إبراهيم اللواتي الطنجي، أبو عبد الله بن بطوطة، رحلته أشهر الرحلات في العربية، وأدع خير الدين الزركلي صاحب كتاب الأعلام يوجز لنا سيرته:

«رحالة مؤرخ، ولد ونشأ في طنجة... بالمغرب الأقصى، وخرج منها سنة ٧٢٥هـ فطاف بلاد المغرب ومصر والشام والحجاز والعراق وفارس واليمن والبحرين وتركستان وما وراء النهر وبعض الهند والصين والجاوة وبلاد التتر وأواسط إفريقية.

واتصل بكثير من الملوك والأمراء. فمدحهم- وكان ينظم الشعر- واستعان بهباتهم على أسفاره، وعاد إلى المغرب الأقصى فانقطع إلى السلطان أبي عنان (من ملوك بني مرين) فأقام في بلاده وأملى أخبار رحلته على محمد بن جُزي الكلبي بمدينة فاس سنة ٧٥٦هـ وسماها «تحفة النظار في غرائب الأمصار وعجائب الأسفار». ترجمت إلى اللغات البرتغالية والفرنسية والإنجليزية ونشرت بها، وترجمت

فصول منها إلى الألمانية نشرت أيضاً. وكان يحسن التركية والفارسية. واستغرقت رحلته ٢٧ سنة (١٣٢٥- ١٣٥٢م) ومات في مراكش. وتلقبه جمعية كمبردج في كتبها وأطالسها بأمير الرحالة المسلمين Prince of Moslem Travellers، وفي نابلس بفلسطين أسرة، الآن، تدعى بيت بطبوط وتعرف ببيت المغربي وبيت كمال، تقول إنها من نسل ابن بطوطة»[١].

إن من أوجه أهمية رحلة ابن بطوطة أنها استغرقت زمناً طويلاً وأنها شملت بلاداً كثيرة بدءاً من المغرب الأقصى، ومروراً بشمالي إفريقية والجزيرة العربية والصومال، وتركيا حتى وصل إلى نهر الفولجا، والعراق وبلاد فارس وخراسان والسند والهند، وسيلان وجزر المالديف (ذيبة المهل) وإندونيسيا والملايو حتى وصل الصين. ولما رجع إلى بلاده قام برحلتين قصيرتين، إحداهما إلى الأندلس والأخرى إلى غرب إفريقية.

يضاف إلى هذا أن ابن بطوطة كان ذا عين لاقطة لدقائق الأمور، وذهن حافظ يضرب به المثل! وهذا ما جعله يقف على مشاهد وعادات ومواقف ويسجلها لتكون لها قيمة علمية واجتماعية وتاريخية إلى جانب المتعة التي يجدها القارئ حين يخترق الزمان والمكان ليرى العالم بعيني رحالة يحسن الرحلة ويجيد الوصف.

يقول فيه كراتشكوفسكي: إنه الرحالة «الذي لا يستغني عن الرجوع إليه أي باحث يود الخوض في تاريخ الأوردو الذهبي وآسيا الوسطى، والذي رغماً من هذا تقف رواياته عن الصين والهند في مستوى واحد مع «أسفار السندباد» و«عجائب الهند». ومهما اختلفت الآراء فيه فإن من المستحيل إنكار أنه كان آخر جغرافي عالمي من الناحية العملية، أي أنه لم يكن ناقلاً اعتمد على كتب غيره بل كان رحالة انتظم محيط أسفاره عدداً كبيراً من الأقطار، وقد جاوز تجواله مقدار مئة وخمسة وسبعين ألف ميل»[٢].

---

(١) الأعلام، جـ٦، ص ٢٣٦.
(٢) رحلة ابن بطوطة، ص ٢٦.

لم يكتب ابن بطوطة رحلته بنفسه، بل أملاها من ذاكرته، مع أنه كان عبر مراحل رحلته يدون ما يمرّ به، ولكن ذلك فقد في أواخر الرحلة مع ما فقده من نفائس جمعها حين خرج على سفينته القراصنة في المحيط الهندي.

ولذلك اعتمد على ذاكرته، وإن مما يلفت النظر أن سلطان المغرب قد أصدر الأمر إلى رجل من رجال حاشيته هو ابن جزيّ أن يحرّر الرحلة، فكان ابن بطوطة يملي عليه من الذاكرة وابن جزي يصوغ الكلام. وهذا ما ذكره ابن جزي في مقدمة الرحلة مبيناً عمله فيها، فقد عرّف ابن بطوطة فقال عنه: «الشيخ الفقيه السائح الثقة الصدوق، جوّال الأرض، مخترق الأقاليم بالطول والعرض، أبو عبد الله محمد ابن عبد الله بن إبراهيم اللواتي، المعروف بابن بطوطة، المعروف بالبلاد الشرقية بشمس الدين، وهو الذي طاف الأرض معتبراً، وطوى الأمصار مختبراً، وباحث فرق الأمم، وسبر سير العرب والعجم»[1].

وصدر الأمر كما ذكرت إلى ابن بطوطة «بأن يملي ما شاهده في رحلة من الأمصار، وما علق بحفظه من نوادر الأخبار، ويذكر من لقيه من ملوك الأقطار، وعلمائها الأخيار، وأوليائها الأبرار، فأملى من ذلك ما فيه نزهة الخواطر، وبهجة المسامع والنواظر، من كل غريبة أفاد باجتلائها، وعجيبة أطراف بانتحائها» وصدر أمر السلطان إلى ابن جزي أن يضم أطراف ما أملاه الشيخ أبو عبد الله من ذلك، مشتملاً في تصنيف يكون على فوائده مشتملاً، أو لنيل مقاصده مكملاً، متوخياً تنقيح الكلام وتهذيبه، معتمداً إيضاحه وتقريبه، ليقع الاستمتاع بتلك الطُرف ويعظم الانتفاع بدرها عند تجريده من الصدف... ونقلت معاني كلام الشيخ أبي عبد الله بألفاظ موفية للمقاصد التي قصدها، موضحة للمناحي التي اعتمدها، وربما أوردت لفظه على وضعه، فلم أخلّ بأصله ولا فرعه، وأوردت جميع ما أورد من الحكايات والأخبار، ولم أتعرض لبحث عن حقيقة ذلك ولا اختبار. على أنه سلك في إسناد صحاحها أقوم المسالك، وخرج عن عهدة سائرها بما يشعر من الألفاظ

---

(١) رحلة ابن بطوطة، ص ٣٦.

بذلك، وقيّد المشكل من أسماء المواضع والرجال بالشكل والنقط ليكون أنفع في التصحيح والضبط، وشرحت ما أمكنني شرحه من الأسماء الأعجمية لأنها تلتبس بعجميتها على الناس، ويخطئ في فك معماها معهود القياس»[١].

ولعل من حقنا أن نسأل عن السبب الذي دعا إلى قيام ابن جزي بصياغة الرحلة؟ وأقرب تفسير لديّ لذلك هو أن ابن بطوطة قد أقام سنين طويلة في ديار غير ديار العربية، وربما أفقده ذلك الملكة اللغوية، أو ربما شابت لغته شائبة العُجمة، فكان من الضروري أن يقوم بمراجعة ما يُملي عالم أو أديب ذو ملكة لغوية. ولو أتيح لابن بطوطة أن يكتب رحلته بنفسه، وبأسلوبه هو لكان لها شأن أرفع وقيمة أعلى، ومع هذا تبقى أغنى الرحلات في العربية، وتظل مورداً للباحثين في ميادين شتى، ومصدراً من مصادر المتعة التي لا تُحدّ.

---

(١) رحلة ابن بطوطة جـ ١، ص ٢٥ - ٢٦. وقد صنع الدكتور مأمون جرار معجماً لهذه الألفاظ، سماه: معجم ابن بطوطة في رحلته. صدر عن دار المأمون/ عمان.

المراجع

١. أدب الرحلة عند العرب، د. حسني محمود حسين، دار الأندلس، بيروت ١٤٠٣هـ /١٩٨٣م.

٢. الأعلام، خير الدين الزركلي، دار العلم للملايين، بيروت، ١٩٩٠م.

٣. تاريخ الأدب الجغرافي العربي، كراتشكوفسكي، نقله عن الروسية صلاح الدين عثمان هاشم، دار الغرب الإسلامي، بيروت، ١٤٠٨هـ/١٩٨٧م.

٤. تاريخ الخلفاء، السيوطي، تحقيق محمد محيي الدين عبدالحميد، المكتبة العصرية صيدا - بيروت، ١٤٠٩هـ / ١٩٨٩م.

٥. رحلة ابن بطوطة، تحقيق د. علي المنتصر الكتاني، مؤسسة الرسالة ١٩٨٥/١٤٠٥م.

٦. الرحلة والرحالة المسلمون، د. أحمد رمضان أحمد، دار البيان العربي، جدة، السعودية.

٧. رحلة ابن جبير، دار بيروت للطباعة والنشر، ١٤٠٤هـ /١٩٨٤م.

٨. السيرة النبوية، ابن هشام، تحقيق مصطفى السقا وزملائه، دار المعرفة، بيروت.

٩. صفة الصفوة، ابن الجوزي، مؤسسة الكتب، بيروت، ١٤١٢هـ /١٩٩١م.

١٠. الفهرست، ابن النديم، دار المعرفة للطباعة والنشر، بيروت.

١١. الكواكب السائرة، الغزي، تحقيق د. جبرائيل جبور، دار الآفاق الجديدة، بيروت، ١٩٧٩.

القسم الثاني
الثقافة المكتبية
الباب الأول: تاريخ المكتبات

الفصل الثاني: المكتبات في الحضارة الإسلامية
الباب الثاني: المكتبات في العصر الحديث والخدمات المكتبية

الباب الأول
تاريخ المكتبات

الفصل الأول: المكتبات في العصور القديمة
الفصل الثاني: المكتبات في الحضارة الإسلامية
د. سعود عبدالجابر

الفصل الأول
المكتبات في العصور القديمة
د. سعود عبد الجابر

المكتبات في العصور القديمة

إن تاريخ الكتب والمكتبات يعد جانباً أساسياً في تاريخ المعرفة والثقافة. ويبدأ هذا التاريخ مع بداية الحضارة الإنسانية. وليس من السهل تحديد المكان والزمان الذي ظهرت فيه الكتب والمكتبات. ولكن من المؤكد أن نشوء المكتبات قديم قدم الكتابة، فقد كان اختراع الكتابة حدثاً هاماً في تاريخ الإنسانية وعاملاً من عوامل نشوء الحضارات القديمة. وبعد أن عرف الإنسان الكتابة أخذ يستخدمها في التعبير عن حياته وأفكاره، ثم حاول أن يجمع ذلك في أماكن معينة من المعابد والقصور الملكية، وبعض دور الخاصة.

وتؤكد الدراسات العلمية «أن أولى المكتبات قد ظهرت في العالم العربي وبالتحديد في بلاد ما بين النهرين ووادي النيل»[١]. وذلك في زمن موغل بالقدم خلال الألف الثالث قبل الميلاد حيث «بدأ سكان وادي الرافدين يسجلون أعمالهم ويدونونها على لوحات فخارية، وبدأوا يجمعونها وينظمونها في مكتبات»[٢].

ويعد السومريون من أقدم الشعوب التي استوطنت جنوبي بلاد الرافدين في خلال الألف الرابعة وبداية الألف الثالثة قبل الميلاد. وقد شيدوا حضارة متقدمة زاهرة في بلاد الرافدين «واستعملوا الكتابة المسمارية واللوحات الفخارية في تسجيل معارفهم وآدابهم. وحفظوها في مكتبات كانوا يسمونها بيت اللوحات الكبير. ويدل هذا الاسم في ذاته على طبيعة المادة التي استعملها القوم من أجل تسجيل المعلومات عليها وهي اللوحات الفخارية»[٣].

ويشير هذا الاسم كذلك إلى وجود بناء خاص خصص ليكون مكتبة «وهذا

(١) أساسيات علم المكتبات والتوثيق والمعلومات. د. ربحي مصطفى علين، ود. عمر أحمد همشري. ص: ٧. جمعية عمال المطابع التعاونية، عمان، ١٩٨٨م.

(٢) مقدمة في تاريخ الكتب والمكتبات. د. محمد ماهر حمادة. ص: ٣٣. دار البشير، ١٩٩٦م.

(٣) علم المكتبات والمعلومات. د. محمد ماهر حمادة. ص:١٠. مؤسسة الرسالة، ١٩٩٤م.

أقدم خبر عن بناء مستقل استعمل مكتبة في التاريخ»[١] . ولعل السبب في ذلك يرجع إلى صعوبة حفظ الألواح المخطوطة في أدراج «فقد أدى ذلك بالسومريين إلى العمل على إيجاد دور الكتب وإنشائها. وهكذا اعتبر السومريون مخترعي المكتبات»[٢] .

ومن المرجح أن أولى المكتبات في بلاد ما بين النهرين «هي تلك التي وجدت في المعبد الرئيسي بمدينة كلش والتي تسمى مكتبة تللو (Telloh) حيث ضمت أكثر من ثلاثين ألفاً من الألواح الطينية. كذلك وجدت في معابد مدن أور ونيبور وغيرها حجرات لحفظ الألواح الطينية المسجل عليها أخبار الآلهة والأحداث التاريخية، والملاحم الشعرية والسحر والأساطير وغيرها»[٣] .

أما المكتبات في الحضارة البابلية والآشورية فلقد كانت كالمكتبات السومرية لا تتعدى كونها دوراً لحفظ المحفوظات والسجلات. ولقد ذكر المؤرخ الجغرافي استرابون: «أن أشهر المكتبات الآشورية كانت في معابد آشور ونينوى ومعظم النصوص كتبت باللغة السومرية»[٤] . وأهم المكتبات البابلية والآشورية في الحجم والمضمون مكتبة آشور بانيبال «٦٦٨- ٦٢٦ق. م» التي كشف عن ألواحها الطينية أثناء عمليات التنقيب بالقصر الملكي في مدينة نينوى حوالي منتصف القرن الماضي.

ولقد كان آشور بانيبال من ملوك أسرة سارجون آخر أسرة عظيمة من ملوك آشور. وكان مهتماً بالثقافة والمعرفة، ومنذ اعتلائه العرش أخذ في جمع آداب بابل وآشور جمعاً منظماً «وكان يعمل له عدد من النساخ وكان لمكتبته هيئة من الموظفين المختصين بها. ورتبت بها الكتب بعناية تبعاً لموضوعاتها وختمت بخاتم يبين

---

(١) المصدر السابق. ص:١٠.

(٢) مكتبات العراق. ميري فتوحي. ص:١٣. وزارة الثقافة والإعلام في الجمهورية العراقية، ١٩٨٦م.

(٣) أساسيات علم المكتبات والتوثيق والمعلومات. ص: ٨.

(٤) مكتبات العراق. ص:١١.

موضعها من المجموعة، كما كانت لها فهارس تيسر استخدامها. وكانت مقتنيات المكتبة من الأعمال الفكرية والوثائق، والرسائل والنصوص الدينية والتواريخ وغيرها مما كتب في فروع المعرفة المختلفة»[1].

وكان الغرض من المكتبة هو خدمة الدولة والكهنة، وتخليد شهرة مؤسسها وتنمية المعرفة العلمية.

ولقد أمر آشور بانيبال «بأن يوضع بالمكتبة نسخة مبوبة من النصوص المستقاة من كافة محفوظات المدن والمعابد. وبذلك جعل من عاصمته هذه مركزاً رئيسياً للعلوم الآشورية. وأصبحت هذه المكتبة تحتوي على جميع الآثار الأدبية والعلمية الآشورية التي أمدتنا بالكثير عن تلك الحضارة وخاصة الحياة الدينية»[2].

ولقد حوت هذه المكتبة أكثر من ثلاثين ألف لوحة فخارية، ولقد شغلت المكتبة عدداً كبيراً من الغرف في القصر الملكي. ويبدو أنه خصصت بعض الغرف لبعض الموضوعات، فقد خصصت غرفة للتاريخ، وأخرى للعلاقات الدبلوماسية وهكذا[3].

ولقد كانت اللوحات الفخارية في مكتبة آشور بانيبال تحفظ في جرار، وترتب الجرار إما في صفوف أو توضع على رفوف. ووجد قرب كل مدخل غرفة سجل بيبلوغرافي للأعمال الموجودة في تلك الغرف يشمل عنوان العمل، وعدد اللوحات المخصصة له. ومكان وجوده مع ذكر الصف والجرة[4].

وبشكل عام يمكن القول: إن بلاد الرافدين قد شهدت حضارة زاهرة ولقد كان فيها أنواع عديدة من خزائن الكتب وهي على النحو التالي:

---

(١) تاريخ المكتبات. الفرد هيسيل، ترجمة د. شعبان بن عبدالعزيز خليفة. ص: ١٠، ١١.دار المريخ، ١٩٨٠م.
(٢) تاريخ الكتاب الإسلامي. د. محمود عباس حمودة. ص:٥٩. دار الثقافة للطباعة والنشر، القاهرة، ١٩٧٩م.
(٣) مقدمة في تاريخ الكتب والمكتبات. ص:٣٤.
(٤) المصدر السابق. ص:٤٣.

١- مجموعة المعبد

٢- دور المحفوظات والسجلات الحكومية، ومجموعة ألواح المعاملات التجارية.

٣- مجموعة الألواح التي تختص بسجلات وأنساب العائلات الكبيرة.

٤- مجموعة الكتابات والسجلات الخاصة بتدريس النساخ... ومن يتابع دراسته من الكهنة[١].

وكما اهتم البابليون والآشوريون بالمكتبات فكذلك فلقد اهتم بها الفراعنة في مصر. وأوجدوا مكتبات كثيرة ومهمة لحفظ سجلات الدولة ووثائقها والأدب الديني. ولقد أطلقوا على المكتبات تسميات مختلفة فسموها «محفوظات الأسلاف، أو قاعة كتابات مصر، أو بيت الكتابات المقدسة»[٢]. وهذه التسميات توحي بطبيعة المكتبة، وطبيعة المواد المحفوظة فيها وطبيعة الخدمة التي تؤديها.

ومن أشهر المكتبات المعروفة لدي الفراعنة مكتبة فرعون مصر رمسيس الثاني حوالي ١٢٠٠ق.م، الذي كانت مكتبته في قصره في مدينة طيبة. تضم حوالي ٢٠ ألف ملف من ملفات البردي. وسميت هذه المكتبة «مكان إنعاش الروح» وهذه التسمية بها دلالة واضحة، فيبدو أن المكتبة كانت تضم مجموعة دينية أو فلسفية بالإضافة لمختلف فنون المعرفة الأخرى.

ولا شك أن مما أدى إلى ازدهار المكتبات لدى المصريين القدماء بالإضافة لتشجيع الفراعنة للآداب والفنون توفر أدوات الكتابة لديهم إذ كانوا يكتبون على ورق البردي الذي كان موجوداً بغزارة. ولقد استخدموا سوقه في عمل مادة بديلة للورق كانوا يكتبون عليها.

أما اليونانيون فلقد ورثوا حضارة الشرق. وعملوا على تطويرها. ولقد عرفوا الكتابة منذ أيام هوميروس. وكانت المكتبات الخاصة موجودة لديهم. «ويعتقد أن أفلاطون (٤٢٧ - ٣٤٨ق.م) لا بد وأنه امتلك مكتبة خاصة ذات حجم ووزن...

---

(١) المكتبات والصناعة المكتبية في العراق. فؤاد قرانجي. ص: ١٠ وزارة الإعلام، بغداد، ١٩٧٢م.

(٢) علم المكتبات والمعلومات. ص: ١١.

أما أرسطو تلميذ أفلاطون والذي عاش بين سنتي ٣٨٤- ٣٢١ ق.م فعندنا معلومات مؤثقة ومؤكدة عنه وعن مكتبته الخاصة»[١]. ولقد ظهرت المكتبات العامة في عهد أفلاطون أي في القرن الرابع قبل الميلاد... إلا أن عصر أرسطو يعتبر العصر الحقيقي للمكتبات اليونانية القديمة [٢].

ويمكن القول: إن إنشاء مكتبة الإسكندرية في سنة ٢٨٥ق.م كان أهم حدث على الإطلاق في تاريخ المكتبات في الأزمنة القديمة[٣]. وكان الهدف من إنشائها جمع أدب اليونان كله.

أما الرومان فإن تاريخ المكتبات لديهم يعد امتداداً لتاريخها لدى اليونان، ولقد لعبوا دوراً مهماً في نشر الحضارة والمدنية اليونانية في أوروبا كلها. وذلك لامتداد رقعة دولتهم، حيث أسسوا أكبر أمبراطورية عرفت حتى ذلك التاريخ.

ولقد كان للمكتبات الرومانية دور مهم في حفظ التراث اللاتيني واليوناني. «ولعل أعظم المكتبات الرومانية شأناً وأهمية هي تلك المكتبة التي أسسها الإمبراطورية تراجان سنة ١١٤، واسمها المكتبة الأولمبية»[٤].

وبقيت المكتبات الرومانية في تقدم وازدهار حتى القرن الرابع فأخذت الإمبراطورية الرومانية في التراجع تدريجياً. ومع إطلالة القرن السابع الميلادي أخذت الإمبراطورية الرومانية بالإنهيار. وبدأ المد العربي الإسلامي بالظهور واكتساح مناطق شاسعة من الدولة الرومانية.

وأخذت معالم ثقافة عربية إسلامية، وحضارة إنسانية عظيمة بالبروز حيث قادت الإنسانية في طريق العلم والمعرفة. وقدمت لها خدمات عظيمة. وأخذت بيدها في سبل التقدم والازدهار.

---

(١) مقدمة في تاريخ الكتب والمكتبات. ص: ٤٢.

(٢) أساسيات علم المكتبات والتوثيق والمعلومات. ص:١٠.

(٣) تاريخ المكتبات. ص:٩.

(٤) مقدمة في تاريخ الكتب والمكتبات. ص:٥٥.

المراجع والمصادر

١- أساسيات علم المكتبات والتوثيق والمعلومات. د. ربحي مصطفى عليان. ود. عمر أحمد همشري. جمعية عمال المطابع التعاونية، عمان، ١٩٨٨م.

٢- تاريخ الكتاب الإسلامي. د. محمود عباس حمودة. دار الثقافة للطباعة والنشر، القاهرة، ١٩٧٩م.

٣- تاريخ المكتبات. ألفرد هيسيل، ترجمة د. شعبان عبدالعزيز خليفة. دار المريخ ١٩٨٠م.

٤- علم المكتبات والمعلومات. د. محمد ماهر حمادة. مؤسسة الرسالة، ١٩٩٤م.

٥- مقدمة في تاريخ الكتب والمكتبات. د. محمد ماهر حمادة. دار البشير، ١٩٩٦م.

٦- مكتبات العراق. ميري فتوحي. وزارة الثقافة والإعلام في الجمهورية العراقية، ١٩٨٦م.

٧- المكتبات والصناعة المكتبية في العراق. فؤاد قرانجي. وزارة الإعلام، بغداد، ١٩٧٢م.

الفصل الثاني
المكتبات في الحضارة الإسلامية
د. سعود عبدالجابر

عاش العرب في الجزيرة العربية قبل الإسلام وهم في شبه عزلة عن العالم الخارجي، وكانت لهم تجارتهم واتصالهم المحدود بمن يحيط بهم. فكانوا على اتصال محدود بالروم والفرس والأحباش عن طريق التجارة. ولم تكن تلك الاتصالات من النوع الذي يؤثر في الثقافة والفكر. وكانت الأمية منتشرة ومتفشية بينهم. وكان جل اهتمامهم بأنسابهم وأيامهم ووقائعهم. وكانت البلاغة والشعر أساس ثقافتهم. واهتموا بالسماع والحفظ في تناقل الأشعار والأخبار أكثر من اهتمامهم بالتدوين والكتابة. ومن المؤكد أنهم عرفوا التدوين منذ عهود بعيدة وأنهم قد دونوا أخبارهم إلا أن قلة المدونات التي وصلت إلينا تعلل لنا ندرة اهتمامهم بالتدوين واقتصار الكتابة على فئة محدود منهم.

ومن المعلوم أن العرب في الجاهلية لم تكن عندهم سجلات مكتوبة أو كتب أو مكتبات. وكان بزوغ فجر الإسلام فاتحة عهد جديد للتدوين عند العرب فانتشرت الكتابة مع دعوة الإسلام انتشاراً واسعاً. وكانت أول آية نزلت على الرسول صلى الله عليه وسلم تحث على القراءة والعلم والتبصر بالكون ﴿اقْرَأْ بِاسْمِ رَبِّكَ الَّذِي خَلَقَ (١) خَلَقَ الْإِنْسَانَ مِنْ عَلَقٍ (٢) اقْرَأْ وَرَبُّكَ الْأَكْرَمُ (٣) الَّذِي عَلَّمَ بِالْقَلَمِ (٤) عَلَّمَ الْإِنْسَانَ مَا لَمْ يَعْلَمْ﴾ .

وكان القرآن الكريم أول كتاب سجل بالعربية. وكان النبي صلى الله عليه وسلم شديد الاهتمام بكتابة الوحي وإثباته مسجلاً ومحفوظاً كلما نزل، وقد كانت عملية إثبات النص تتم بالوسيلتين معاً أو بإحداهما. «وقد كان يلقن حفاظ القرآن بنفسه. ويدع الكتابة لمن يقومون بمهمتها ممن يتقنون فنها. وكان زيد بن ثابت يكتب له، والذين يعرفون القراءة والكتابة من أصحاب الرسول الكريم الأول: أبو بكر وعمر وعثمان وعلي. وقد أحصى كتّاب الإسلام والحضارة العربية اثنين وأربعين كاتباً كانوا يقومون بمهمة تدوين القرآن وكتابة الرسائل وغير ذلك»[(١)].

(١) تاريخ الكتاب الإسلامي. د. محمود عباس حمودة. ص: ١٠٤. دار الثقافة للطباعة والنشر، القاهرة ١٩٧٩م.

وبدأ التدوين في زمن الخليفة عمر بن الخطاب عندما أنشأ ديوان الخراج. ووجدت السجلات للاستعمال الرسمي. وفي عصر بني أمية وضعت البذور الأولى للمكتبات الإسلامية، ففي زمن الخليفة عمر بن عبد العزيز بدأ تدوين الحديث، ثم أخذ المسلمون في تسجيل تاريخ الرسول الكريم وأخبار الإسلام والغزوات، ثم تتابع التأليف في مختلف المجالات. وتأسست في عصر بني أمية أول مكتبة أكاديمية على يد خالد بن يزيد بن معاوية المتوفى عام ٨٥هـ «إذ أوجد مركزاً للنقل والتعريب فبدأت الحركة العلمية وتم النقل من اللغات الأجنبية إلى اللغة العربية تحت إشرافه. ولقد كان من اهتماماته الكثيرة الفلك، إذ زود المكتبة بمواد فلكية إلى جانب الكتب»[1].

ويذكر ابن النديم أن «خالد بن يزيد بن معاوية كان خطيباً شاعراً فصيحاً، ذا رأي، وهو أول من ترجم له كتب الطب والنجوم، وكتب الكيمياء»[2]. فلقد أمر بإحضار فلاسفة يونانيين من مصر، ممن أتقنوا اللغة العربية، وأمرهم بنقل الكتب اليونانية والقبطية إلى العربية. ولقد كان هذا أول نقل في الإسلام من لغة إلى لغة.

وفي العصر العباسي ازدهر فن التدوين. ووضعت مسانيد الحديث. وألفت الكتب في كل علم وفن. وظهرت صنعة الوراقة التي تشمل نسخ الكتب وتجليدها وبيعها، وبيع الورق ومختلف أدوات الكتابة. وازدهرت صناعة الورق التي تعلمها العرب من الصينيين، ومنهم عرفها الأوربيون. فكانت من العوامل الأساسية لنهضتهم الحديثة.

وكان في بغداد ودمشق والقاهرة وقرطبة وأشبيلية وغرناطة وغيرها من حواضر البلاد الإسلامية المئات من دكاكين الوراقين فانتشرت المكتبات، وعمت مختلف أرجاء العالم الإسلامي نتيجة لظهور صناعة الورق وانتشار مصانعه في جميع أقطار الدولة الإسلامية، هذا بالإضافة إلى حركة الوراقين النشطة وحركة الترجمة

(١) مكتبات العراق. ميري فتوحي. ص:٥٩. وزارة الثقافة والإعلام في الجمهورية العراقية، ١٩٨٦م.

(٢) الفهرست. ابن النديم: ص: ٤٩٧. المكتبة التجارية، مصر.

القوية التي بدأ الاهتمام بها منذ عهد الرشيد وأنت أكلها في عهد المأمون، بالإضافة إلى اهتمام الخلفاء العباسيين بالحركة العلمية والأدبية، وشهد ذلك العصر حضارة زاهرة فتنوعت المكتبات وتعددت صنوفها فكان منها مكتبات المساجد والجوامع، والمكتبات الخلافية، والمكتبات الخاصة، والمكتبات العامة، والمكتبات الأكاديمية، ومكتبات المدارس، ومكتبات المشافي.

مكتبات المساجد والجوامع:

لقد كانت المساجد بالإضافة لكونها أماكن للعبادة مراكز ثقافية يلتفي بها المسلمون. وأماكن للدراسة ينهلون منها العلم والمعرفة. ولذلك ظهرت المكتبات في المساجد منذ أقدم عصور الإسلام. وجرت العادة أن يودع الناس عدداً من نسخ القرآن الكريم وغيره من الكتب الدينية كوقف من أجل المطالعين والمصلين. واعتاد الناس على إهداء المساجد مكتباتهم الخاصة كوقف منفرد في خزانة باسمائهم. وكان لهذه الخزائن مشرفون على شؤونها أغلبهم من العلماء. ويبدو أن هذا كان أمراً شائعاً في تلك العصور حتى أن بعض الخلفاء والأمراء والعلماء والأثرياء كانوا يوقفون أشياء كثيرة على المساجد ومن ذلك الكتب. وذكر المقريزي أن الحاكم بأمر الله الخليفة الفاطمي قد أنزل إلى الجامع العتيق «ألفاً ومائتين وثمانية وتسعين مصحفاً ما بين ختمات وربعات فيها ما هو مكتوب كله بالذهب، ومكن الناس من القراءة فيها»[(١)].

وكانت هذه المكتبات «لا تحتوي كتباً دينية فقط، وإنما بالإضافة إليها كتباً فلسفية وعلمية. وقد كانت تدرس في المساجد جميع أنواع العلوم باستثناء الطب»[(٢)]. ولذلك ازدهرت الحياة العقلية والعلمية في بعض المساجد.

---

(١) كتاب المواعظ والاعتبار بذكر الخطط والآثار المعروف بالخطط المقريزية. تقي الدين أبو العباس أحمد بن علي المقريزي. ١: ٢٥٠. مكتبة الثقافة الدينية . القاهرة.

(٢) المكتبات في الإسلام نشأتها وتطورها ومصائرها. د. محمد ماهر حمادة. ص٨٣. مؤسس الرسالة، بيروت ١٩٩٦م.

وكانت تعقد بها حلقات للدراسة والمناظرة كما كان يجري في مساجد الكوفة، وجامع بني أمية في دمشق، وفي جوامع مكة والمدينة، وفي جامع المنصور في بغداد، وفي الجامع الأزهر في القاهرة، وجامع الزيتونة في تونس، وفي جوامع طليطلة وغرناطة وأشبيلية وقرطبة في الأندلس. ولقد كان للحلقات التي تعقد في جامع طليطلة شهرتها وأهميتها، جذبت إليها الطلاب المسلمين والنصارى على السواء، حيث كان يقصدها الطلاب من جميع أنحاء أوروبا من أجل التعلم والحصول على المعرفة.

ويمكن القول بشكل عام: إن مكتبات المساجد قد انتشرت بشكل واسع في المساجد الإسلامية المشهورة كافة.

المكتبات الخلافية:

اهتم الخلفاء بالجانب الثقافي اهتماماً كبيراً. وكانت مكتباتهم عبارة عن منتديات للأدباء والشعراء والعلماء. وجعلوها حلقات للمناظرة والمحاضرات والعلوم المختلفة. وازدهرت هذه المكتبات بوجود الخليفة أو الأمير المحب للعلم والأدب والراغب في الكتاب وأهله. وبعض هذه المكتبات كان مباحاً للناس جميعاً وبعضها الآخر كان مقصوراً على استعمال الخليفة أو الأمير وحاشيته. ومن أشهر هذه المكتبات في العصر العباسي مكتبة الخليفة أبي جعفر المنصور ومكتبة الرشيد والمأمون والمستنصر بالله والناصر لدين الله والمستعصم بالله آخر الخلفاء العباسيين الذي أنشأ خزانتين للكتب نقل إليهما من نفائس الكتب، وجعل المتولي على الأولى شخصاً اسمه صدر الدين بن التيار، وجعل المتولي على الثانية شخصاً اسمه عبد المؤمن بن فاخر الأرموري. وكان الخليفة يجلس بعض الأحيان في الخزانتين بالتناوب[(١)].

ومن أشهر المكتبات في ذلك العصر مكتبة الأمير سيف الدولة الحمداني في حلب الذي أنشأ مكتبة كبرى جعل عليها قيمّين الشاعرين أبي بكر محمد بن هاشم

---

(١) الفخري في الآداب السلطانية. ابن القفطي. ص: ٢٦٩.

وأبي عثمان سعيد بن هاشم. وهما أخوان[1]. ومكتبة عضد الدولة البويهي الذي أسس في شيراز مقر حكمه دار كتب فخمة وجمع فيها من الكتب ما ليس له نظير. ويذكر المقدسي أن دار الكتب هذه عليها وكيل وخازن ومشرف من عدول البلد. ولم يبق كتاب صنف إلى وقته من أنواع العلوم كلها إلا حصله منها. وهي أزج طويل في صفَّة كبيرة فيه خزائن من كل وجه. وقد ألصق إلى جميع حيطان الأزج والخزائن بيوتاً طولها قامة إلى عرض ثلاثة أذرع من الخشب المزوق عليها أبواب تنحدر من فوق، والدفاتر منضدة على الرفوف، لكل نوع بيوت وفهرستات فيها أسامي الكتب»[2].

أما الخلفاء الفاطميون فلقد اهتموا بالمكتبات اهتماماً كبيراً فكان من أشهر خزائن القصور الفاطمية خزانة الكتب[3]. واتخذوا منها أداة لنشر مبادئهم عن طريق التعليم والإقناع والتوجيه وبث الأفكار. «ولعل أول من اهتم بالعلم على مقياس واسع هو المعز الذي بنى القاهرة والجامع الأزهر، ثم خلفه ابنه العزيز الذي توسع كل التوسع في ميدان العلم والتعلم. فأنشأ داراً للعلم بجوار الجامع الأزهر سنة ٣٧٨هـ وجعلها لخمسة وثلاثين من العلماء. وكذلك اهتم اهتماماً بالغاً بالكتب وتفنن في جمعها والحصول عليها»[4].

وقد ذكر المقريزي عن المسبِّحي مؤرخ الدولة الفاطمية والذي عاش في كنفها أنه كان بخزانة العزيز نيف وثلاثون نسخة من كتاب العين للخليل بن أحمد، وما ينيف على عشرين نسخة من تاريخ الطبري، ومائة نسخة من الجمهرة لابن دريد ثم قال: إنه كان في سائر العلوم بالقصر أربعون خزانة من جملتها خزانة فيها ثمانية

---

(١) ظهر الإسلام. أحمد أمين. ١: ١٨٤، مكتبة النهضة المصرية، القاهرة ١٩٧٨.

(٢) أحسن التقاسيم في معرفة الأقاليم. شمس الدين أبو عبدالله محمد المقدسي. تحقيق مارجوليوث. ص: ٤٤٩. لندن، بريل، ١٩٠٦٥م.

(٣) ظهر الإسلام ١: ١٩٩.

(٤) المكتبات في الإسلام، ص: ١٢٦.

عشر ألف كتاب من العلوم القديمة (يعني الفلسفة والطب والإلهيات وما إليها)[1].

أما في الأندلس فلقد اهتم الخلفاء والأمراء اهتماماً عظيماً بالمكتبات، والكتب، واعتنوا بالأدب والعلم حتى أضحت الأندلس مركزاً من مراكز الثقافة يفد إليه العلماء والأدباء من كل مكان. وأغلب حكام الأندلس كانوا شغوفين بالعلم والأدب مهتمين بالمعرفة والثقافة فأسسوا المكتبات الكثيرة ولعل من أشهر الخلفاء الأندلسيين الذين اهتموا بالعلوم والكتب الخليفة الحكم الثاني والذي أنشأ مكتبة عظيمة في قرطبة ذكرها المقري فقال: «وقال بعض المؤرخين في حق الحكم أنه كان حسن السيرة مكرماً للقادمين عليه، جمع من الكتب ما لا يحد ولا يوصف كثرة ونفاسة حتى قيل إنها كانت أربعمائة ألف مجلد، وأنهم لما نقلوها أقاموا ستة أشهر في نقلها... وكان يستجلب المصنفات من الأقاليم والنواحي باذلاً فيها ما أمكنه من الأموال حتى ضاقت عنها خزائنه»[2].

المكتبات الخاصة:

انتشرت المكتبات الخاصة في جميع أرجاء العالم الإسلامي. وحرص العظماء والوزراء والأغنياء على اقتناء مجموعات كبيرة من الكتب من أموالهم الخاصة.

وكان بعض أصحاب هذه المكتبات يبيحها للناس جميعاً كما فعل ابن المنجم، وبعضهم يسمح بالاطلاع فيها للباحثين والعلماء والأصدقاء. ولقد قال آدم متز إن علي بن يحيى المنجم وكان ممن جالس الخلفاء قد عمل «حوالي منتصف القرن الثالث الهجري خزانة كتب عظيمة في ضيعته، وسماها خزانة الحكمة، وكان يقصدها الناس من كل بلد، فيقيمون فيها ويتعلمون منها صنوف العلم والكتب مبذولة لهم والصيانة مشتملة عليهم، والنفقة في ذلك من مال علي بن يحيى»[3].

---

(١) كتاب المواعظ والاعتبار بذكر الخطط والآثار المعروف وبالخطط المقريزية: ١: ٤٠٨.

(٢) نفح الطيب في غصن الأندلس الرطيب. أحمد بن محمد التلمساني المقري. تحقيق د. إحسان عباس ١: ٣٩٤- ٣٩٥، دار صادر، ١٩٦٨م.

(٣) الحضارة الإسلامية في القرن الرابع الهجري. آدم متز - ترجمة محمد عبد الهادي أبو ريدة، ١: ٣٠٧ مطبعة لجنة التأليف والترجمة والنشر، القاهرة ، ١٩٥٧م.

ومن أبرز المكتبات الخاصة مكتبة خالد بن يزيد بن معاوية التي مر ذكرها.

ومكتبة الجاحظ الذي كان من أكبر عشاق الكتب المولعين بها ولعاً شديداً في القرن الثالث الهجري... حتى أنه كان يكتري دكاكين الوراقين ويبيت فيها للنظر بها. ومكتبة الفتح بن خاقان الذي كان من كبار رجال دار الخلافة في زمن المتوكل. ومكتبة إسماعيل بن إسحاق القاضي[١].

وكذلك ممن جمع خزانة كتب قيمة واهتم بها كل الاهتمام الكندي الفيلسوف، ذلك أن فيلسوف العرب اهتم بجمع كتب الحكمة والفلسفة اليونانية وعلوم الأوائل[٢].

وابن العميد وزير البويهيين الذي كان في مكتبته كل علم وكل نوع من أنواع الحكم والآداب. وكان ابن مسكويه في بعض الأوقات خازناً لمكتبته[٣]. وكان كذلك للصاحب بن عباد مكتبة ضخمة حتى قيل إنه لما استدعاه السلطان نوح ابن منصور الساماني ليوليه وزارته، كان مما اعتذر به أن عنده من كتب العلم ما يحمل على أربعمائة جمل أو أكثر. وكان فهرس كتبه يقع في عشرة مجلدات[٤].

وقد أسس جعفر بن محمد بن حمدان الموصلي ٢٤٠- ٣٢٣هـ «دار علم قد جعل فيها خزانة كتب من جميع العلوم، وقفاً على كل طالبٍ للعلم، لا يمنع أحداً من دخولها»[٥].

ولقد كان الاهتمام بالمكتبات الخاصة في مختلف أرجاء العالم الإسلامي. وقد كان في سوريا ومصر اهتمامٌ زائد بالمكتبات الخاصة. ولقد كان الوزير جمال الدين القفطي المتوفي سنة ٦٤٦هـ والذي كان وزيراً في حلب محباً للعلم والكتب، وجمع من الكتب ما لا يوصف. وقصد بها من الآفاق. وكان لا يحب من الدنيا سواها. ولم يكن له دار ولا زوجة، وأوصى بكتبه للناصر صاحب حلب[٦].

---

(١) المصدر نفسه: ١: ٣٠٦.

(٢) المكتبات في الإسلام. ص: ٨٧.

(٣) ظهر الإسلام: ٢: ٢٢١.

(٤) المصدر السابق:٢: ٢٢١.

(٥) معجم الأدباء. ٧: ١٩٣.

(٦) المكتبات في الإسلام. ص:٩٣.

وفي مصر وجدت مكتبات خاصة جمعها بعض الوزراء والأطباء والأفراد، فقد أوجد يعقوب بن كلس وزير العزيز بالله الفاطمي خزانة لنفسه. وكان محباً للعلم يجمع حوله العلماء والأدباء[١].

أما في الأندلس فلقد اهتم الأندلسيون باقتناء الكتب وزخرفتها. وبلغت المكتبات لديهم درجة كبيرة من التقدم، نتيجة للحضارة الزاهرة التي أوجدها الإسلام. فكان أغلب الناس قادرين على القراءة والكتابة وولعوا باقتناء الكتب والمكتبات والعناية بها «ولقد جمع ابن حزم المؤلف المشهور مكتبة كبرى ولكنها احترقت»[٢].

وكان القاضي أبو المطرف (المتوفي عام ٤٠٢هـ) قاضي الجماعة بقرطبة يملك مكتبة قيمة، وقد جمع من الكتب في أنواع العلم ما لم يجمعه أحد من أهل عصره بالأندلس وكان له ستة وراقين ينسخون له دائماً[٣].

ولا بد من الإشارة إلى أن هذا النشاط العلمي لم يقتصر على الرجال، بل شمل النساء، وكثرت المتعلمات والمتخصصات حتى أنه أجري أحصاء في أحياء قرطبة التي تبلغ واحداً وعشرين حياً أيام ازدهار الخلافة، فوجد أن مائة وسبعين امرأة يجدن الخط الكوفي ويكتبن به المصاحف. وقد كان لعائشة القرطبية «٤٠٠هـ» أحدى كاتبات المصاحف المشهورات خزانة كتب كبيرة[٤].

ويستفاد مما سبق أنه كان هناك مكتبات خاصة كثيرة منتشرة في جميع الأقطار الإسلامية. وأن العلماء والأدباء والوزراء والأفراد قد تنافسوا على اقتنائها.

المكتبات العامة:

انتشرت المكتبات العامة في جميع أنحاء العالم الإسلامي من حدود الصين

---

(١) المصدر نفسه. ص: ٩٣.

(٢) المصدر نفسه. ص: ٩٧.

(٣) الحضارة الإسلامية. ١: ٣٠٨.

(٤) لمحات في المكتبة والبحث والمصادر. محمد عجاج الخطيب. ص:٤٥. مؤسسة الرسالة، بيروت، ١٩٩٥م.

والهند شرقاً إلى حدود فرنسا غرباً وشمالاً. وكانت المكتبات العامة مباحة للجميع بل كثيراً ما كان بعضها يقدم الورق وأدوات الكتابة والحبر للقراء. كما كان في قسم كبير منها مرشدون يساعدون القراء في إيجاد المصادر والكتب التي يبحثون عنها[١].

ومن المكتبات العامة الشهيرة مكتبة أبو نصر سابور بن أردشير وزير بهاء الدولة البوبهي فلقد أسسها سنة ٣٨٣هـ في الكرخ غربي بغداد وسماها دار العلم وزودها بكتب كثيرة زادت على عشرة آلاف كتاب في مختلف العلوم. وكانت هذه المكتبة مركزاً ثقافياً هاماً يلتقي فيه العلماء والباحثون للقراءة والمطالعة والمناظرة[٢]. وكان أبو العلاء المعري يكثر التردد عليها عندما كان في بغداد[٣].

وكذلك اتخذ الشريف الرضي (المتوفى عام ٤٠٦هـ) نقيب العلويين والشاعر المشهور داراً سماها دار العلم، وفتحها لطلبة العلم وعين لهم جميع ما يحتاجون، وقد عمل القاضي ابن حبان (المتوفى عام ٣٥٤هـ) في مدينة نيسابور داراً للعلم وخزانة كتب ومساكن للغرباء الذين يطلبون العلم وأجرى لهم الأرزاق، ولم تكن الكتب تعار خارج الخزانة[٤].

وقد أنشأ أبو علي بن سوّار الكاتب أحد رجال عضد الدولة (المتوفى عام ٣٧٢هـ) دار كتب في مدينة رام هرمز على شاطئ بحر فارس، كما بنى داراً أخرى بالبصرة، وجعل فيهما إجراء على من قصدهما ولزم القراءة والنسخ فيهما، وكان في الأولى منهما أبداً شيخ يُدرس عليه علم الكلام على مذهب المعتزلة[٥].

ولقد كان من أشهر المكتبات العامة في بلاد الشام مكتبة بني عمار في طرابلس

---

(١) المكتبات في الإسلام. ص: ١٢٨.

(٢) الحضارة الإسلامية: ١: ٣١٢. وانظر لمحات في المكتبة والبحث والمصادر. ص: ٤٢.

(٣) ظهر الإسلام: ١: ٢٢٠.

(٤) الحضارة الإسلامية: ١: ٣١١ - ٣١٢.

(٥) المصدر السابق: ١: ٣١١.

الشام التي أنشأها بنو عمار الذين حكموا قسماً من الساحل السوري في القرن الخامس الهجري. واستمروا في حكمه حتى الحروب الصليبية. ولقد اهتموا بها اهتماماً كبيراً «وكان لهم وكلاء يجوبون أقطار الإسلام المعمورة بحثاً عن الكتب والمخطوطات النادرة، وكان فيها النساخ يعملون بشكل مستمر ليلاً نهاراً. فقد ذكر أن عدد النساخ كان أكثر من مائة وثمانين ناسخاً يتناوبون في الليل والنهار»[١].

وكانت مقتنيات هذه المكتبة من أجمل الكتب المجلدة والمزخرفة والمحلاة بالذهب والفضة بالخطوط المنسوبة لأشهر الخطاطين. وقد حوت جميع أنواع وفروع المعرفة الإنسانية من طب وفلك وتنجيم وفلسفة وأدب وتاريخ وتفاسير.

ولقد أحرق الصليبيون هذه المكتبة الثمينة بكل ما فيها من مقتنيات قيمة عندما احتلوا طرابلس سنة ٤٩٢هـ /١٠٠٩م.

ولقد انتشرت المكتبات العامة أيضاً في مصر والأندلس ومختلف أرجاء الدولة الإسلامية.

المكتبات الأكاديمية:

إن المكتبات الأكاديمية من أشهر المكتبات في البلاد الإسلامية. وهي مكتبات متخصصة للبحث والدرس. وقد ظهر في القرن الثاني الهجري. وكان في هذه المكتبات «علماء أجلاء يحسنون اللغات الأعجمية واللغة العربية، يرجعون إليهم في النقل، ويعقدون المناظرات العلمية التي يستفيد منها رواد هذه الدور. دور الحكمة»[٢].

وأشهر المكتبات الأكاديمية في ذلك العصر بيت الحكمة. وهو أول بيت حكمة عرف عند المسلمين، كما كان أعظمها شأناً لما يحويه من الكتب النفيسة في مختلف ألوان المعرفة وبمختلف اللغات. ووضع نواة هذه الدار في بغداد أبو جعفر المنصور وعندما كثرت الكتب المترجمة والمؤلفة في عهد الرشيد شيد بيت الحكمة. وعظم

(١) المكتبات في الإسلام. ص:١٣٣.

(٢) التربية والتعليم في الإسلام. سعيد الديوه جي. ص: ٦٣، العراق ١٩٨٢م.

شأنها في خلافة المأمون، حيث أمدها بالمؤلفات الكثيرة والدواوين الضخمة، حتى صارت من أكبر خزائن الكتب «فكان بيت الحكمة من أعظم المعاهد العلمية العالية. وفيه أجلّة العلماء والمفكرين، ويشتغل على أيديهم الكثيرون من طالبي العلم والمعرفة، فهو معهد عال للدراسات العلمية والنقل والبحث»[1].

ولقد أصبح بيت الحكمة زمن المأمون أكاديمية بالمعنى الدقيق للكلمة فهي تحوي أماكن للدرس، وأخرى لخزن الكتب، وأماكن للترجمة والتأليف إلى جانب الرصد الفلكي والنشاط الفلكي[2].

وأسس الفاطميون في القاهرة دار الحكمة، وجمعوا فيها مختلف أنواع الكتب في العلوم والفنون والآداب. وكانت مركزاً أكاديمياً للبحث والدرس.

وقد أسس الحاكم بأمر الله دار الحكمة سنة ٣٩٥هـ وقد كانت هذه الدار من أعظم الخزائن التي عرفها العالم الإسلامي فيما مضى ومن أكثرها جمعاً للكتب النفيسة في جميع المجالات. «وذكروا أن فيها مليون وستمائة ألف مجلد، فيها الخطوط المنسوبة، والكتب المزوقة، فكانت مرجع القوم في الاستفادة»[3]. وكانت تسمى هذه الدار أيضاً دار العلم، وصفها المسبّحي فقال: «فتحت الدار الملقبة بدار الحكمة بالقاهرة وجلس فيها الفقهاء، وحملت إليها الكتب من خزائن القصور المعمورة، ودخل الناس إليها.

ونسخ كل من التمس نسخ شيء مما فيها ما التمسه، وكذلك من رأى قراءة شيء مما فيها، وجلس فيها القراء والمنجمون وأصحاب النحو واللغة والأطباء، بعد أن فرشت هذه الدار وزخرفت وعلقت على جميع أبوابها الستور، وأقيم قوّام وخدام وفراشون وغيرهم وسموا بخدمتها.

وحصل في هذه الدار من خزائن أمير المؤمنين الحاكم بأمر الله من الكتب التي

---

(١) التربية والتعليم في الإسلام: ص: ٦٣.
(٢) مكتبات العراق: ص:٧٧.
(٣) التربية والتعليم في الإسلام: ص:٦٣.

أمر بحملها إليها من سائر العلوم والآداب والخطوط المنسوبة ما لم ير مثله مجتمعاً لأحد قط من الملوك، وأباح ذلك كله لسائر الناس على طبقاتهم ممن يؤثر قراءة الكتب.. والنظر فيها.. وحضرها الناس على طبقاتهم؛ فمنهم من يحضر لقراءة الكتب، ومنهم من يحضر للنسخ؛ ومنهم من يحضر للتعلم. وجعل فيها ما يحتاج الناس إليه من الحبر والأقلام والورق والمحابر»[1].

فالمكتبة بهذا الوصف مكتبة قيمة، ومدرسة تدرس فيها العلوم المختلفة. وقاعة مناظرات. ولقد كانت هذه المكتبة مصنفة ومرتبة بحيث تقدم الخدمة للقراء بسهولة ويسر.

مكتبات المدارس:

بلغت الحضارة الإسلامية في العصر العباسي قمة الازدهار يوم اهتمت بإنشاء المدارس من أجل التعلم فيها. وألحقت بهذه المدارس المكتبات. وقلما خلت مدرسة من المدارس من مكتبة كبيرة تتبعها. وقبل نشوء المدارس كانت المساجد المكان الطبيعي للتعليم، كما كانت الجوامع والكتاتيب تقوم بهذه المهمة.

وعرفت المدارس الإسلامية منذ القرن الرابع للهجرة «وأول من حفظ عنه أنه بنى مدرسة في الإسلام أهل نيسابور فبنيت بها المدرسة البيهقية وبنى بها أيضاً الأمير نصر ابن سبكتكين مدرسة وبنى بها أخو السلطان محمود بن سبكتكين مدرسة وبنى أيضاً المدرسة السعيدية، وبنى بها أيضاً مدرسة رابعة. وأشهر ما بني في القديم المدرسة النظامية ببغداد لأنها أول مدرسة قرر بها للفقهاء معاليم. وهي منسوبة إلى الوزير نظام الملك... وشرع في بنائها في سنة سبع وخمسين وأربعمائة وفرغت في ذي القعدة سنة تسع وخمسين وأربعمائة»[2]. وأنشأ نظام الملك وزير السلاجقة في النصف الثاني من القرن الخامس للهجرة المدارس الكثيرة، وعرفت باسم المدارس النظامية نسبة إليه. ونظامية بغداد أول المدارس التي أنشأها وأهمها. ولقد ألحقت بها مكتبة غنية زودها بالكتب النادرة والثمينة.

ولقد شغل منصب أمين المكتبة من هم في القمة علماً وأدباً، فالأسفراييني أول

(١) كتاب المواعظ والإعتبار بذكر الخطط والآثار المعروف بالخطط المقريزية: ١: ٤٥٨، ٤٥٩.
(٢) المصدر نفسه. ٢: ٣٦٢، ٣٦٤.

خازن لمكتبة النظامية، ويوصف بأنه شاعر أديب، وبعده جاء محمد بن أحمد الأبيوردي[1] . وقد أوقف الكثير من العلماء مكتباتهم الخاصة على النظامية ومن هؤلاء محب الدين بن النجار صاحب كتاب ذيل تاريخ بغداد الذي أوقف خزانتين من الكتب للنظامية.

ومن مكتبات المدارس المشهورة مكتبة المدرسة المستنصرية التي شيدها المستنصر بالله الخليفة السابع والعشرون من خلفاء بني العباس . وشيدت هذه المدرسة سنة ٦٣٠هـ في بغداد. وكانت في هذه المدرسة خزانة كتب حافلة بمختلف المصنفات القيمة.

«وكان في المدرسة موظفون يعنون بأمرها ويشرفون على جميع ما يتصل بالكتب وهم ثلاثة أصناف: الخازن، والمشرف، والمناول، إلى جانب البوابين والفراشيين المسؤولين على الحراسة والتنظيف»[2].

وكان في دمشق نحو ثلاثين مدرسة في القرن الخامس من الهجرة. ويدرس في تلك المدارس الأئمة والأعلام. ومن أشهر مداسها دار الحديث النورية، والنورية الكبرى، والصلاحية، والعادلية، والظاهرية، وغيرها[3].

أما في مصر فلقد كانت فيها مدارس كثيرة. كالمدرسة الكاملية والصالحية والصاحبية والفاضلية نسبة إلى القاضي الفاضل وغيرها[4].

هذا وقد اشتهرت عدة مدارس في القدس وحلب وحماة وغيرها. وقد ألحقت في كل مدرسة من هذه المدارس مكتبة ضخمة قيمة.

مكتبات المشافي:

ظهرت مكتبات المشافي والمارستانات نتيجة للاهتمام بالمرض والعناية بهم.

---

(١) المكتبات في الإسلام: ص:١٣٧.

(٢) مكتبات العراق: ص:٨٨.

(٣) لمحات في المكتبة والبحث والمصادر: ص:٤٣.

(٤) انظر: كتاب المواعظ والاعتبار بذكر الخطط والآثار المعروف بالخطط المقريزية: ١: ٣٦٢ - ٤٠٤.

وذكر أن أوائل المهتمين بهذا الأمر الوليد بن عبد الملك فهو «أول من بنى المارستان في الإسلام ودار المرضى... وهو أيضاً أول من عمل دار الضيافة في سنة ثمان وثمانين. وجعل في المارستان الأطباء وأجرى لهم الأرزاق. وأمر بحبس المجذومين لئلا يخرجوا وأجرى عليهم وعلى العميان الأرزاق»[1].

ومع تقدم الحضارة كثرت المشافي. وقد استعمل العرب لفظة (مارستان) أو (بيمارستان) ومعناها بيت المرضى.

وألحقت بهذه المشافي مكتبات حافلة بالكتب القيمة لأن المشفى لم يكن مكاناً للتطبيب والتمريض فقط، وإنما مكاناً أيضاً لتعليم طلاب الطب والأمراض وطرق معالجتها.

ومن أشهر المشافي التي ضمت مكتبات عامرة بالكتب المتنوعة وخصوصاً الطبية مشفى عضد الدولة البويهي في بغداد، والمشفى النوري في دمشق، ومشفى قلاوون في القاهرة والتي قيل إن عدد كتبها بلغ مائة ألف مجلد أخذت أكثرها من دار الحكمة[2].

وهكذا نرى مما سبق أن المكتبات كانت شائعة في جميع أرجاء العالم الإسلامي وأنها وجدت لدى العرب والمسلمين بمختلف أنواعها. وكانت غنية في محتوياتها وتقدم شتى ألوان المعرفة للقراء. ولكن مع مضي الزمان دب الضعف في بعض أجزاء الدولة الإسلامية. وأخذت المكتبات بالتقهقر نتيجة لعوامل التفكك والتمزق التي أخذت تنهش في جسد الدولة، بسبب الفتن والمشكلات الداخلية، بالإضافة إلى المحن الكثيرة التي لحقت بالأمة نتيجة للغزو الصليبي الذي ألحق الدمار والخراب في المدن والقرى. وأباد معالم الحضارة فيها، كما أن التتار لم يقلوا عنهم وحشية فلقد كان سقوط بغداد سنة ٦٥٦هـ نذير شؤم للتراث فقد «روي أن مياه دجلة جرت

---

(١) كتاب المواعظ والاعتبار بذكر الخطط والآثار المعروف بالخطط المقريزية: ٢: ٤٠٥.

(٢) المكتبات في الإسلام: ص:١٤٦.

سوداء من كثرة ما ألقي فيها من الكتب والصحائف»[1]. وكذلك واجه هذا التراث محنة فظيعة في الأندلس فلقد أحرقت كثير من المكتبات فيها ومن ضمنها مكتبات غرناطة التي سقطت سنة ١٤٩٢م، والتي يفوق عدد المخطوطات التي أحرقت فيها وحدها كل تصور. وأكثر الباحثين حذراً... يقدرونها بثمانين ألفاً[2].

ومع كل هذه المصائب والمحن فلقد بقيت لنا ثروة علمية ضخمة من المحفوظات الإسلامية تتحدث عما كان عليه العرب والمسلمون من تقدم علمي ونضج فكري. وإن كثيراً من المكتبات العالمية حتى هذا اليوم تزخر بالمخطوطات الإسلامية التي تنتظر من يعمل على نشرها ورؤيتها للنور.

ومع إطلالة فجر القرن التاسع عشر أخذت عوامل النهضة واليقظة في السريان والانتشار في الوطن العربي. وفي القرن العشرين نالت الدول العربية استقلالها وازدهرت معالم الحضارة فيها، فانتشرت المدارس وتعددت الجامعات وكثرت المكتبات وتنوعت أنواعها في مختلف الأقطار العربية.

(١) مصادر التراث العربي. د. عمر الدقاق. ص: ٢٤. مكتبة دار الشروق، بيروت، ١٩٧٢م.
(٢) دراسة في مصادر الأدب. الطاهر أحمد مكي. ص:٩٥. دار المعارف بمصر، ١٩٧٠م.

المصادر والمراجع

١- أحسن التقاسيم في معرفة الأقاليم شمس الدين أبو عبد الله محمد المقدسي. تحقيق مارجوليوث. ليدن، بريل، ١٩٠٦م.

٢- تاريخ الكتاب الإسلامي. د. محمود عباس حموده. دار الثقافة للطباعة والنشر، القاهرة ١٩٧٩م.

٣- التربية والتعليم في الإسلام. سعيد الديوه جي. العراق ١٩٨٢م.

٤- الحضارة الإسلامية في القرن الرابع الهجري. آدم متز. ترجمة محمد عبدالهادي أبو ريدة. مطبعة لجنة التأليف والترجمة والنشر، القاهرة، ١٩٥٧م.

٥- دراسة في مصادر الأدب. د. الطاهر مكي. دار المعارف، مصر، ١٩٧٠م.

٦- ظهر الإسلام. أحمد أمين. الجزء الأول. مكتبة النهضة المصرية، القاهرة، ١٩٧٨م.

٧- ظهر الإسلام. أحمد أمين. الجزء الثاني. مكتبة النهضة المصرية، القاهرة، ١٩٧٧م.

٨- الفخري في الآداب السلطانية. ابن القفطي.

٩- الفهرست. ابن النديم. المكتبة التجارية، مصر.

١٠- كتاب المواعظ والاعتبار بذكر الخطط والآثار المعروف بالخطط المقريزية. تقي الدين أبو العباس أحمد بن علي المقريزي. مكتبة الثقافة الدينية. القاهرة.

١١- لمحات في المكتبة والبحث والمصادر. د. محمد عجاج الخطيب. مؤسسة الرسالة بيروت، ١٩٩٥م.

١٢- مصادر التراث العربي. د. عمر الدقاق. مكتبة دار الشروق، بيروت، ١٩٧٢م.

١٣- مكتبات العراق. ميري فتوحي، وزارة الثقافة والإعلام في الجمهورية العراقية، ١٩٨٦م.

١٤- المكتبات في الإسلام نشأتها وتطورها ومصائرها. د. محمد ماهر حمادة. مؤسسة الرسالة بيروت، ١٩٩٦م.

١٥- معجم الأدباء. ياقوت الحموي. دار إحياء التراث العربي، بيروت، لبنان.

١٦- نفح الطيب في غصن الأندلس الرطيب. أحمد بن محمد التلمساني المقري تحقيق د. إحسان عباس بيروت، دار صادر، ١٩٦٨م.

الباب الثاني

المكتبات في العصر الحديث والخدمات المكتبية

الفصل الأول

المكتبات في العصر الحديث - د. مأمون فريز جرار

الفصل الثاني

مصادر المعلومات في المكتبة - د. مأمون فريز جرار

الفصل الثالث

الفهرسة- د. إبراهيم صبيح

الفصل الرابع

التصنيف - د. إبراهيم صبيح

الفصل الخامس

الإعارة - د. مأمون فريز جرار

الفصل الأول
المكتبات في العصر الحديث
د. مأمون فريز جرار

المكتبات في العصر الحديث

ازدهرت المكتبات في العصر الحديث، وتجدد لها ما كان من نهضة في مرحلة الازدهار في العصر العباسي، ومن مظاهر الازدهار تنوع المكتبات، وزيادة عددها، وزيادة عدد مصادر المعلومات المتوافرة فيها.

ولم يكن هذا الازدهار إلا ثمرة لمجموعة من العوامل منها:

١.ازدهار حركة التعليم في مختلف مراحله مما ساعد على إيجاد القراء الذين صارت المطالعة جزءاً من حياتهم، وبعض هواياتهم.

٢.ازدهار حركة التأليف والترجمة، وهذا الازدهار هو من ثمرات التعليم في مختلف مستوياته، فقد تفتحت المواهب في المدارس والجامعات، وصار التأليف جزءاً من عمل المدرس الجامعي، والباحث الذي يريد أن يثري المعرفة الإنسانية، وكذلك ازدهرت حركة الترجمة للاطلاع على ما في الحضارات المختلفة من الفنون والآداب والعلوم.

٣.النهضة التي شهدتها المطابع وكثرة دور النشر وتوافر الورق، مما أدى إلى توفير الكتب بأعداد كبيرة تكافىء الطلب عليها في حاجات التعليم والثقافة، وأدى ذلك إلى ازدهار الدوريات من صحف ومجلات.

٤.الرخاء المادي الذي شاع في كثير من البلاد العربية، مما أوجد القدرة الشرائية وشجع حركة التأليف والنشر.

٥.الوعي الثقافي الذي انتشر في العصر الحديث، مما جعل كثيراً من المتعلمين يحرصون على دوام الاتصال بمصادر المعلومات سواء أكان ذلك من خلال المكتبة الخاصة أو الأنواع الأخرى للمكتبات.

وسنقف فيما يلي على أبرز أنواع المكتبات الشائعة في عصرنا بشيء من البيان المختصر.

المكتبة الوطنية:

انتشر في معظم دول العالم إنشاء مكتبة تسعى إلى رصد النشاط الفكري أو التأليفي وكل ما هو من مصادر المعلومات الخاصة بتلك الدولة. وتعرف هذه المكتبة بالمكتبة الوطنية، «وهي المسؤولة عن طلب وتجميع وحفظ وصيانة الإنتاج الفكري الوطني»[1]. ولهذه المكتبة وسائل للحصول على ذلك الإنتاج حيث تحصل عليه «عن طريق الإيداع الإلزامي حسب القوانين، أو بفضل مساهمة الطابعين الاختيارية. إنها بالإضافة إلى ذلك تملك في غالب الأحيان مجموعة ثمينة من المخطوطات، ومؤلفات نادرة وقديمة، وأخيراً الوسائل الرسمية القوية التي هي في يدها تعطيها من جهة القدرة لتحصل كل ما هو جوهري في الإنتاج الأجنبي، ومن جهة أخرى تمكنها أن تقوم ببعض خدمات فيها مصلحة عامة، فتستخدمها لمنفعة كافة المكتبات»[2].

وفي العالم عدد من المكتبات الوطنية ذات الشهرة العالمية، وقد اكتسبت هذه الشهرة بضخامة ما تحتويه من مصادر المعلومات، والخدمات التي تقدمها.

ومنها: مكتبة الكونجرس التي أنشئت لخدمة الكونجرس الأمريكي سنة ١٨٠٠م وتطورت عبر السنين لتصبح أشهر مكتبة في العالم. وهناك المكتبة الأهلية أو الوطنية في باريس التي تطورت عن مكتبات ملوك فرنسا، واستحدث لها في السنوات الأخيرة مبنى ضخم يمكنها من استيعاب ما يرد إليها من مصادر المعلومات، ومن هذه المكتبات مكتبة لينين في موسكو التي كانت المكتبة الوطنية للاتحاد السوفياتي قبل تفككه إلى دول متعددة، ومكتبة المتحف البريطاني في لندن.

ومن المكتبات المهمة في البلاد العربية: دار الكتب المصرية في القاهرة، ومكتبة الأسد في دمشق، ومكتبة الملك فهد في الرياض. وفي الأردن مكتبة وطنية تتبع وزارة الثقافة، وهي بحاجة إلى المزيد من العناية والدعم بتخصيص موقع دائم مناسب لها، وتوفير ما يساعدها على القيام بواجباتها.

---

(١) المكتبات الوطنية، الدكتور عبدالعزيز النهاري، ص١٤.

(٢) المكتبات العامة، أندريه ماسون، وبولا سلفان، ص٨٩.

وظائف المكتبة الوطنية:

يقسم بعض المؤلفين الوظائف التي تقوم بهما المكتبة الوطنية إلى أولويات أولى وثانية وثالثة، وقد آثرت دمجها معاً واختيار المهم منها، مما ينبغي أن يكون الطالب أو القارىء بعامة على علم بها[1]. وهي:

١- جمع مصادر المعلومات الخاصة بالدولة والوطن مما يصدر في داخل البلاد وخارجها.

٢- حفظ حقوق المؤلفين من أصحاب الإنتاج الفكري والفني والأدبي بالإيداع القانوني الملزم لمصادر المعلومات المختلفة، وإعطاء صاحب الإنتاج شهادة تثبت حقه فيه تكون مستنده القانوني إن وقع أي اعتداء على حقه فيه. ويثبت رقم شهادة الإيداع في الغالب على ظهر صفحة الغلاف الداخلي.

٣- فهرسة الكتب وتصنيفها قبل نشرها، وتفرض كثير من الدول على دور النشر والمؤلفين أن يمروا بالمكتبة الوطنية قبل التوجه إلى المطبعة وذلك ليتم تصنيف تلك الكتب بإعطائها الرقم الخاص بها وفق نظام التصنيف المتبع في تلك الدولة، وكذلك فهرسة الكتب بإعداد بطاقة فهرس تتضمن المعالم الأساسية الخاصة بالكتاب.

٤- إصدار البيبليوغرافيا الوطنية التي تتضمن قوائم بأسماء مصادر المعلومات التي صدرت خلال سنة أو أكثر. والمكتبة الوطنية هي أقدر الجهات على إصدار هذه القوائم لأنها مستودع المعلومات الخاصة بمصادر المعلومات الوطنية.

٥- وتكثيف الدوريات الوطنية: وهذه وظيفة مهمة إن قامت بها المكتبة الوطنية وفرت على الباحثين جهوداً كثيرة، واختصرت الوقت المطلوب للوصول إلى المعلومات المبثوثة في الصحف والمجلات.

---

(1) انظر: المكتبات الوطنية، د. النهاري، ص١٤.
أساسيات علم المكتبات، د. عمر همشري، د. ربحي عليان، ص٢٥.
المرجع في علم المكتبات والعلومات، لهما، ص١٩.

٦- القيام بأنشطة ثقافية على المستوى الوطني، ومن ذلك تنظيم معارض الكتب، ومكتبة الأسد في سورية تقوم بهذا الأمر، ومن الأنشطة ما طالعتنا به الصحف المحلية عن أنشطة تنوي المكتبة الوطنية في الأردن القيام بها، وقد جاء في الخبر: «وضعت المكتبة الوطنية برنامجاً ثقافياً ضمن خطتها العام الحالي لتعزيز جسور التعاون مع المفكرين والمثقفين والمبدعين. وقال السيد أسامة مقدادي مدير عام المكتبة: إن الخطة تشتمل على برنامجين، أولهما: برنامج شهادات في نهاية القرن العشرين، يتم خلاله استضافة عدد من المفكرين الأردنيين الذين عاصروا كثيراً من الأحداث الثقافية والسياسية في النصف الثاني من القرن العشرين (...)، وقال السيد مقدادي: إن البرنامج الثاني هو تنظيم ندوة (كتاب الشهر) حيث ستقيم المكتبة ندوة شهرية لمناقشة أبرز الكتب الصادرة في المجالات الثقافية المختلفة، يتم اختيارها من قبل لجنة ضمن عدة معايير، من ضمنها: أصالة العمل وجدّته وتاريخ صدوره، حيث سيقدم المؤلف عرضاً لأبرز القضايا في كتابه أمام مجموعة من المختصين في مجاله، حتى تتم مناقشة الكتاب من قبل المثقفين»[1].

إن علينا أن نتذكر أن المكتبة الوطنية مكتبة توثيقية وليست مكتبة عامة، ولذلك لا تكون خدماتها والإفادة من محتوياتها متاحة لأفراد المجتمع كافة، وذلك محافظة على مقتنياتها سليمة، وكثير من المكتبات الوطنية تسير على هذا المنهج، ومنها المكتبة الأهلية في باريس. ومن المكتبات الوطنية ما يقدم الخدمة للجمهور كما تقدمها المكتبة العامة مع تميّز بما توفره من مصادر أولية، ومراجع أساسية تتعلق بالوطن بصورة خاصة لا يمكن لأي مكتبة عامة مجاراتها في هذا المجال[2].

---

(١) جريدة الرأي، ١٩٩٧\٣\١٢.

(٢) انظر: الكتاب والمكتبات، منصور محمد سرحان، ص٥٦.

والفيصل في الأمر هو توافر الخدمة المكتبية العامة أو انعدامه. فإذا كانت ستوافرة فإن المكتبة الوطنية تقتصر على خدمة فئات محدودة وتقوم بوظيفتها التوثيقية، وإلا فإنها مضطرة إلى تقديم الخدمة المكتبية العامة.

المكتبة العامة:

إن من الظواهر المألوفة في عصرنا وجود مكتبة في كل مدينة، وربما نجد أكثر من مكتبة في بعض المدن الكبرى. ومن ذلك ما نجده في عمّان، فهناك المكتبة العامة التابعة لأمانة العاصمة، ومكتبة عبدالحميد شومان التابعة لمؤسسة عبدالحميد شومان.

ومما يلحظ كذلك أن الخدمة المكتبية تقدمها البلديات.. ولهذا دلالة هي أن هذه الخدمة صارت حاجة أساسية من حاجات الإنسان، كحاجته التعليمية والصحية. ولذلك يندر ان تجد بلدية لا تنشىء مكتبة عامة لخدمة سكان المدينة. والمكتبة العامة ليست جديدة في حضارتنا، وقد سبق الحديث عنها في الفصل الخاص بالمكتبات في حضارتنا العربية الإسلامية.

ولا بد من الإشارة إلى أن المكتبة العامة تقدم خدماتها المكتبية لأفراد المجتمع كافة، وقد اقتضت بعض الضرورات المعاصرة أن تنفصل بعض أقسام المكتبة العامة لتصبح مكتبة مستقلة، ولتقدم الخدمة المكتبية لشريحة من شرائح المجتمع، أو الحي أو منطقة. ومن هنا يمكن أن نعد مكتبة الأطفال مكتبة متفرعة عن المكتبة العامة، وكذلك المكتبة الفرعية، ويمكن أن تعد المكتبة المتنقلة من هذا الباب إذا كانت مرتبطة بمكتبة عامة.

أهداف المكتبات العامة:

لا بدّ أن تكون للمكتبة العامة أهداف محددة تسعى إلى تحقيقها، وإلا تكون الخدمة شكلية، وهذا يقتضي توفير مصادر المعلومات المناسبة، والأجهزة والأدوات المساعدة على تقديم الخدمة الجيّدة، واختيار الوقت المناسب الذي تقدم فيه الخدمة

المكتبية. إن من غير المناسب أن تغلق المكتبة أبوابها الساعة الرابعة عصراً ! لأن المستفيدين منها يكونون في هذا الوقت متوجهين إليها للانتفاع بها. فطلبة المدارس وطلبة الجامعات يناسبهم الوقت المتأخر، وأما المتقاعدون والمجازون فإن الوقت الصباحي مناسب لهم.

إن الأهداف التي توضع للمكتبة العامة ينبغي أن تكون قابلة للتحقيق، حتى يجد العاملون فيها ثمرة لجهودهم المبذولة. ومن أبرز هذه الأهداف[1]:

١- نشر الثقافة في المجتمع، وتلبية حاجات المثقفين وطلاب المعرفة من مصادر المعلومات التي لا يستطيعون توفيرها. وهذا الهدف هو الهدف المركزي للمكتبة العامة، وأكثر الأهداف التالية متفرعة عنه. ولعل سائلاً يسأل لم لا يستطيع الفرد توفير ما توفره المكتبة العامة؟ والجواب هو أن أسباب ذلك متعددة، ومنها:

أ. السبب المادي: فالكتب تحتاج إلى مال لشرائها، ومن الكتب ما يكون ثمنها غالياً لا يستطيع كل فرد الحصول عليها.

ب. افتقاد المكان الذي توضع فيه الكتب. وأكثر البيوت تضيق بالكتب، بل إن الكتب ضيف غير مرحّب به فيها!!

جـ. افتقاد المصادر لبعد العهد بزمن طباعتها، وإذا كانت المكتبة قديمة توافرت فيها مصادر طبعت ونفدت طبعاتها، وليست ميسرة لمن يريد شراءها.

ومعنى ذلك كله أن المكتبة العامة تنوب عن الأفراد في توفير مصادر المعلومات كما تنوب المدرسة عن الأسرة في تعليم أبنائها .. وغير ذلك من الهيئات والمؤسسات العامة التي تقدم الخدمات العامة للأفراد.

---

(1) انظر: المرجع في علم المكتبات والمعلومات، ص٢٣.

٢- توفير مكان مناسب لقضاء وقت الفراغ لدى قطاع كبير من الناس في مكان مفيد. ومشكلة الفراغ مشكلة اجتماعية تسعى جهات عديدة إلى حلّها، فالملعب والنادي والمكتبة مجالات مفيدة لقضاء أوقات الفراغ. وهذا يقتضي أن تعد المكتبة برنامجاً بل برامج تراعي أحوال الجمهور. فلا بد من برامج خاصة للعطلة الصيفية تسهم فيها المكتبة في استثمار أوقات فراغ الطلبة.

٣- رعاية المواهب وتنميتها في المدينة التي تخدمها المكتبة العامة، وذلك بالسعي إلى اكتشاف هذه المواهب ثم وضع الحوافز لها بالمسابقات وتقديم الجوائز في مجالات الآداب والفنون والبحوث والدراسات.

٤- الإسهام في حل بعض المشكلات الاجتماعية والثقافية والبيئية، وذلك بعقد ندوات ومحاضرات تناقش فيها المشكلات، يدعى إليها متخصصون من داخل المدينة وخارجها. ويبدو هذا الهدف ممكناً في المدن الصغيرة التي تفتقد المؤسسات التي تقدم خدمة المحاضرات والندوات.

٥- تشجيع الإنتاج الفكري والأدبي المحلي بشراء نسخ من المطبوعات الجديدة. ولو أحصينا عدد المكتبات العامة في دولة ما وافترضنا أن كل مكتبة تشتري نسختين من كتاب لأدركنا ما يمكن أن تقدمه المكتبات العامة من تشجيع للإنتاج المحلي.

٦- جمع مصادر المعلومات الخاصة بالمدينة أو البلدة وبخاصة إذا كانت ذات تاريخ عريق، وهذا يقضي أن يكون في المكتبة ما يصدر عن هذه المدينة أو البلدة من كتب أو بحوث أو مقالات في داخل البلد وخارجه، وباللغات المختلفة، لتكون هذه المكتبة مورداً للباحثين في تاريخ المدينة.

وأخيراً نذكر بأن من المهم أن تقدم المكتبة خدمة ثقافية حقيقية، ومن عوامل ذلك الموقع المناسب، وتوفير الموظفين المؤمنين برسالة المكتبة الذين يسعون إلى ترويج بضاعتهم وهي مصادر المعلومات، والذين تزداد سعادتهم بازدياد رواد المكتبة.

مكتبة الأطفال:

وهي في الأصل جزء من المكتبة العامة كما سبق القول. إذ إن المكتبة العامة تخدم أفراد المجتمع كافة، والأطفال جزء من المجتمع. وهناك آراء مختلفة في تخصيص مكتبة للأطفال أو بقاء خدمتهم المكتبية ضمن المكتبة العامة[١].

ومن الأسباب التي ساعدت على تخصيص مكتبة للأطفال[٢]:

١. الطبيعة الخاصة للأطفال التي تقتضي سلوكاً خاصاً قد يؤدي إلى إزعاج الكبار إن كانت مكتبة الأطفال جزءاً من المكتبة العامة، ومصادرة لحرية الحركة التي تقتضيها تلك الطبيعة.

٢. الاهتمام العالمي بالطفولة، مما دفع إلى تخصيص مؤسسات تخدم الأطفال في مختلف مجالات الحياة، ومنها المكتبة التي تقدم لهم الخدمة الثقافية.

٣. توافر مصادر معلومات منوعة تكفي لإنشاء مكتبات خاصة للأطفال.

وقد اقتضت الطبيعة الخاصة للأطفال خصوصيات، ومن هذه الخصوصيات:

(١) خصوصية الموقع والهندسة والتصميم والأثاث.

فينبغي أن يراعى في موقع مكتبة الأطفال أن تكون في الطابق الأرضي أو الأول حتى لا يضطر الأطفال إلى استخدام المصاعد، أو صعود درج طويل، دفعاً للأذى عنهم.

ومن المهم أن يصمم المبنى تصميماً يؤدي إلى توفير الخدمات المطلوبة في مكتبة الأطفال، بتوفير القاعات التي تستخدم للمطالعة ولعرض الأفلام ولعرض المسرحيات وغيرها من الأنشطة.

وينبغي أن يراعى في تصميم المبنى استخدام الألوان الجذابة التي تدهن بها

---

(١) انظر مزايا إفراد مكتبة خاصة للأطفال وأوجه قصور ذلك؛ مكتبة الطفل، د. حسن محمد عبدالشافي ص١٦-١٨.
(٢) انظر: المرجع في علم المكتبات والمعلومات، ص٣١.

الجدران، وكذلك تزويده بالصور والجداريات التي تحبب المكتبة إلى الأطفال.

وكذلك لا بد أن تصمم المقاعد والمناضد بما يناسب أعمار الأطفال وأحجامهم وكذلك ارتفاع الخزائن والرفوف[1].

(٢) **خصوصية الخدمات**[2]، ومما ينبغي أن يراعى في مكتبة الأطفال تقديم الخدمات الخاصة التي تناسب أعمارهم، وتلبي حاجاتهم. فمن الأطفال الذين يترددون على المكتبة من لا يحسن القراءة ممن لم يدخلوا المدرسة، ومن هو في بداية مرحلة التعليم، والأطفال يميلون إلى ما يثير الاهتمام ويتعامل مع الحواس، وهذا يقتضي- وجود بعض الخدمات، ومنها:

أ. خدمة القص أو الحكاية: وتقتضي هذه الخدمة وجود قاعة خاصة تقدّم فيها، ووجود أمين مكتبة أو أمينة ممن لديهم القدرة على تقديمها. ويمكن أن يُدعى لها كاتب أو شاعر، وفي ذلك إثراء لخبرات الأطفال، وتنمية لقدرتهم على الاستماع والاستمتاع والحوار والتعبير[3].

ب. إجراء المسابقات: وذلك بهدف استكشاف مواهب الأطفال ورعايتها، والمسابقات وما يقدم فيها من الجوائز المادية والمعنوية هي حوافز للإبداع تستثار بها طاقاتهم، وتنمّى هواياتهم، وتستثمر مواهبهم، وبذلك تتحول المكتبة من الخدمة التقليدية المتمثلة بتوفير مصادر المعلومات إلى مركز إشعاع وتربية، تتمم ما تقوم به المدرسة ومؤسسات المجتمع الأخرى.

جـ الاحتفالات التي يشارك فيها الأطفال بمواهبهم المختلفة، ومن إلقاء الشعر

---

(١) انظر: الخدمة المكتبية العامة للأطفال، سهير محفوظ، ص٢٤-٣٣، ومكتبة الطفل، د. حسن محمد عبدالشافي، ص٥٣ وما بعدها.

(٢) انظر: مكتبة الطفل، د.حسن محمد عبدالشافي ص١٨٥ وما بعدها.

(٣) انر: الخدمة المكتبية العامة للأطفال، سهير محفوظ، ص١٤١، ومكتبة الطفل، د. حسن عبدالشافي ص٢٠٦.

أو الخطب، أو إلقاء القصة أو التمثيل، وغير ذلك من وسائل التعبير. وفي هذه الأمور تنمية لشخصيات الأطفال، وإثارة للروح الجماعية لديهم، وتعويدهم على التعبير عن أنفسهم من غير قيود.

د. إقامة المعارض للموهوبين فنياً، كموهبة الخط والرسم وغيرها من الفنون التشكيلية.

هـ جلسات عرض المواد السمعية والبصرية للأطفال، كالأفلام وأشرطة الفيديو، وغيرها.

(٣) **خصوصية المصادر**[١]: إن مكتبة الأطفال تخدم الأطفال من مرحلة ما قبل المدرسة إلى نهاية مرحلة الطفولة. وهذا يقتضي توفير مصادر معلومات تخدم الطفولة في مختلف مراحلها، ومن أبرز أنواع المصادر التي ينبغي توفيرها:

أ. كتب الأطفال التي تطبع وفق صفات خاصة، من حيث الصور وحجم الحرف، وحجم الكتاب، واستخدام فنّيات الطباعة المختلفة.

ب. مجلات الأطفال.

جـ المصادر السمعية والبصرية من أفلام وبرامج فيديو وشرائح فيلمية، وصور ولوحات إيضاحية.

أهداف مكتبة الأطفال[٢]:

إن أهداف مكتبة الأطفال تسير في خط مواز لأهداف المكتبة العامة، فهي في الأصل جزء منها، أو فرع استقل عن أصله. ولذلك تتشابه أهدافهما، وإن يكن لمكتبة الأطفال بعض الخصوصية. ومن ذلك:

---

(١) انظر: الخدمة المكتبية العامة للأطفال، سهير محفوظ، ص٦٩، ومكتبة الطفل، د.حسن عبدالشافي، ص٨٥.

(٢) انظر: المرجع في علم المكتبات والمعلومات، ص٣١، الخدمة المكتبية للأطفال، سهير محفوظ، ص١٨ ومكتبة الطفل، د. حسن عبدالشافي ص١٨.

١- تعويد الطفل على استثمار أوقات الفراغ استثماراً إيجابياً.
٢- تنمية ما لدى الطفل من مواهب، وإشباع ما لديه من هوايات ثقافية.
٣- تنمية المهارات الفكرية واللغوية لدى الأطفال، كمهارة القراءة ومهارة الاستماع، ومهارة التفكير، ومهارة التعبير الشفوي والكتابي.
٤- غرس حب الكتاب ومصادر المعلومات المختلفة في نفوس الأطفال، طمعاً في أن يستمر هذا الحب في نفوسهم مدى الحياة.
٥- إيجاد الوعي المكتبي لدى الأطفال وذلك بتزويدهم بمعلومات عن قيمة المكتبة في حياة الإنسان، ومعرفة أقسامها، وأوجه الاستفادة منها، ومعرفة كيفية استخدامها، ومعرفة نظم الفهرسة والتصنيف، وآداب المكتبة.

لقد ازداد الوعي لدى المسؤولين في السنوات الأخيرة بأهمية مكتبات الأطفال، ولذلك وجدناها تنتشر وتزداد، ووجدنا الخطط توضع لإقامة مكتبة في كل حديقة من الحدائق العامة المنتشرة في المدن الكبرى، بل وجدنا من المواطنين من تبرع بمبالغ كبيرة تخصص لإنشاء مكتبات للأطفال تقدم أرقى الخدمات المكتبية.

إن إنشاء مكتبات الأطفال وتقديمها للخدمات المتميّزة هو حق من حقوق الأطفال، وما يبذل في هذا المجال من المال والجهد يؤتي ثمرات من بعد في مستقبل الوطن.

المكتبات الفرعية:

لا يتم الحديث عن المكتبات العامة إلا بالحديث عن المكتبات الفرعية، وهي فرع من المكتبة العامة يُنشأ لتقديم الخدمة المكتبية إلى سكان الضواحي في المدن الكبرى، حيث يكونون بعيدين من موقع المكتبة العامة، وهذا دليل على أن الثقافة حاجة من حاجات الإنسان الأساسية تقدمها الدولة إلى أفراد المجتمع. وأهداف المكتبة الفرعية هي أهداف المكتبة العامة[١].

(١) انظر: المكتبات العامة بين التخطيط والتنفيذ، د. أحمد أنور عمر، ص١٠٤.

وينبغي التفكير بعناية قبل الإقدام على فتح فروع للمكتبة. صحيح أن فكرة افتتاح فروع للمكتبة مغرية وجذابة، ولكن لا بد من ضمان تقديم الخدمة الثقافية الجيدة من خلال الفروع، وإلا كان وجودها شكلياً لا قيمة له.

إن استطلاع آراء الطلبة المقيمين في مناطق متعددة في عمّان أشار إلى أن كثيراً منهم لا يعلمون بوجود فروع في مناطقهم. ومن كان يعرف فإن شكوى كثير منهم تدور حول القضايا التالية:

أ. قلة المصادر مما يجعل القارىء غير معني بالعودة إلى المكتبة لأنها لا تلبي حاجاته.

ب. ضعف التأهيل العلمي للعاملين في كثير من الفروع، مما يجعلهم غير قادرين على استقطاب أفراد المجتمع المحلي، وكثير منهم غير مؤمنين برسالة المكتبة، وهذا ينعكس على أدائهم الضعيف في عملهم.

جـ. ضعف الإعلام المكتبي، حيث لا يعلم كثير من أفراد الأحياء التي توجد فيها الفروع بوجودها.

ومن المقترحات المفيدة في هذا المجال:

١- أن تكون المكتبة الفرعية في موقع مناسب تستقطب سكان الحي والمنطقة. «فالحي التجاري للمدينة أو الشارع التجاري للحي هو المكان الذي يتردد عليه معظم سكان المدينة أو سكان الحي، فلماذا لا نستغل ذهاب الأفراد إلى المركز التجاري لمدينتهم أو لحيّهم، بحيث يجد الفرد أن في وسعه شراء لوازمه، واستعارة أو إعادة أو تبديل كتبه في رحلة واحدة بدلاً من رحلتين لمكانين مختلفين، وإن سهولة الوصول إلى المكتبة لمن أقوى المؤثرات في تشجيع الكبار على القراءة»[1].

---

(1) المكتبات العامة بين التخطيط والتنفيذ، د.أحمد أنور عمر، ص١٠٥.

٢- أن تقيم المكتبة الفرعية علاقات طيبة مع المدارس، ويمكن أن تنشأ لجان أصدقاء المكتبة، وتنظم أنشطة مشتركة بين المكتبات المدرسية والمكتبات الفرعية.

٣- أن تنشط المكتبة في الإعلام المكتبي بالإعلان عن وجودها وعن أنشطتها ويمكن أن يتم ذلك بوضع لوحات إعلان في المسجد والمدرسة والسوق، للإعلان عن كل جديد يطرأ على المكتبة، من مصادر معلومات وأنشطة.

٤- أن يتم تزويدها بالمصادر المقنعة للرواد، ويمكن أن يسهم سكان الحي في ذلك بالتبرعات والإهداءات. ولتحقيق ذلك يمكن أن يتم تبادل المجموعات المكتبية بين الفروع، وكذلك تمرير بعض المقتنيات المهمة الموجودة في المكتبة الأم [١].

المكتبات المتنقلة:

وهي مكتبات محمولة في سيارة تسعى إلى تعزيز خدمة مكتبية موجودة، أو إيجاد خدمة مكتبية مفقودة، و « سيارات الكتب من وسائل إيصال الخدمة المكتبية المثيرة لاهتمام الجماهير في المناطق التي تمر بها السيارة أو محطات الوقوف» [٢].

وهذه المكتبات دليل آخر على أن الثقافة والمعرفة حق للإنسان، فإن من لم يستطيع أن يصل إليها أوصلتها إليه الدولة.

ويبدو أن هذا النوع من المكتبات ما يزال ضعيف الوجود في بلادنا، وربما كان من أسباب ضعفه زوال العزلة عن المناطق البعيدة بالمواصلات الميسرة والاتصالات وبخاصة التلفزيون والإذاعة اللذان سهلا وصول الثقافة والمعلومات إلى كل مكان.

ومع ذلك فإن هذه الوسائل لا تلغي وجود المكتبة المتنقلة، ولا تغتال فكرتها، ومما يدل على ذل أن دولاً متقدمة تتبناها وتدعو إلى انتشارها، ومنها السويد. وقد عقدت في عمّان ورشة عمل خاصة بالمكتبة المتنقلة في ١٩٩٧/٣/٢، بالتعاون مع

---

(١) انظر: المكتبات العامة بين التخطيط والتنفيذ، د. أحمد أنور عمر، ص١١١-١١٥.

(٢) انظر: المصدر السابق: ص١٦١.

منظمة الأمم المتحدة للطفولة (اليونيسيف) وإحدى المؤسسات السويدية[1].

وإذا كانت فكرة المكتبة المتنقلة جليلة وسامية فإن تحقيق أهدافها يحتاج إلى تخطيط سليم، وتنفيذ أمين، حتى لا تتحول إلى خدمة شكلية. وهـذا يقتضي ـ تـوفير المتطلبات المادية من سيارة مجهزة تجهيزاً خاصاً بـالأدوات اللازمة ومصادر المعلومات التي تخدم البيئة التي تتوجه إليها، وتوفير الكوادر البشرية المدرّبة القادرة على تحقيق الخدمة المطلوبة وإعداد الخطة اللازمة بالتعاون مع العناصر الفاعلة في البيئة المراد خدمتها، سواء في ذلك إدارة المدرسة أو الحاكم الإداري المحلي أو المختار أو الشيخ أو غير ذلك من مراكز القوى في البيئة. كل ذلك مع مراعاة ظروف البيئة وأحوال سكانها[2].

فإذا ضمنّا هذه الأمور فإن من المتوقع أن تحقق المكتبة أهدافها.

ويمكن أن تسهم في تنفيذ فكرة المكتبة المتنقلة عدة جهات منها:

١- المكتبة العامة في المدينة، فيمكن أن تجهـز سـيارة تطوف عـلى الأحيـاء لتعـزز الخدمـة المكتبيـة المقدمـة في المكتبـات الفرعيـة، كـما يمكـن أن تطـوف بـالقرى المجاورة المحرومة من المكتبات الفرعية.

٢- مديرية التربية والتعليم في كل منطقة، ويفترض وجود مكتبة مركزيـة في المديريـة يمكنها أن تسهم في رفد المكتبات المدرسية في مدارس القرى بمصادر المعلومات المختلفة. ويمكن أن تخصص سيارة أو أكثر لتقديم هذه الخدمة المفيدة.

٣- المراكز الثقافية أو المؤسسات العلمية، يمكـن أن تنشـىء مكتبـات متنقلـة تطـوف بالمناطق الريفية أو في أحياء المدن الكبيرة.

إن من مميزات المكتبة المتنقلة الاستغلال الكامل لمصادر المعلومات، وذلك بتقديم خدمة ثقافية لعدد كبير من القراء من خلال عدد محدود من مصادر

---

(١) انظر: جريدة الرأي الصادرة في ١٩٩٧/٣/٢.
(٢) انظر: المرجع في علم المكتبات والمعلومات ص٢٨.

المعلومات[1] وإذا كانت مصادر المعلومات في المكتبات الثابتة تظل مدة طويلة على الرفوف لا تتحرك ولا يستفاد منها، فإنها في المكتبة المتنقلة تسعى من الوقوف إلى أيدي القراء.

ولكن لا يخفى أن المكتبة المتنقلة هي محاولة لعلاج النقص في تقديم الخدمة المكتبية الثابتة، ولذلك فإنه مع كل ما يمكن أن يذكر من مميزات تبقى بعض العيوب أو مظاهر القصور في أدائها، ومنها[2]:

١. قلة صلاتها بالمجتمع المحلي لأن المدة المتاحة لها قليلة.

٢. صعوبة التوفيق بين مواعيد حضورها وأوقات الفراغ لدى الجمهور.

٣. ما تواجهه السيارة من مشكلات ميكانيكية، والأجهزة والأدوات من خلل.

٤. قلة توافر المكتبيين المؤهلين القادرين على العمل في المكتبات المتنقلة، أو الراغبين فيها.

٥. ضياع بعض مصادر المعلومات لأن بعض من يستعيرها لا يعيدها.

ولذلك لا بد من اتخاذ الأسباب التي تضمن تحقيق الحد الأعلى من الخدمة الممكنة، وذلك باتباع ما يلي[3]:

١- اختيار محطات الخدمة التي تضمن تحقيق أهدافها، كالمدرسة ومقر الحكم الإداري وديوان القرية إلى غير ذلك.

٢- إعداد برامج أو جداول زمنية للخدمة يتم تعميمها على محطات الخدمة.

٣- اختيار مصادر المعلومات المناسبة لمستوى الجمهور.

٤- مراعاة أوقات الفراغ لدى سكان المناطق المراد خدمتها.

٥- توفير الموظفين القادرين على العمل في المكتبة المتنقلة والراغبين فيه.

---

(١) المكتبات العامة بين التخطيط والتنفيذ، د. أحمد أنور عمر، ص١٦٦.

(٢) انظر: المصدر السابق، ١٧٠ واساسيات علم المكتبات للدكتور عمر همشري و د.ربحي عليان ص٣٤، وللمؤلفين كتاب آخر هو المرجع في علم المكتبات والمعلومات انظره ص٢٩.

(٣) المكتبات العامة بين التخطيط والتنفيذ، د.أحمد أنور عمر، ص١٩٨ وأساسيات علم المكتبات، ص٣٣-٣٤: المرجع في علم المكتبات والمعلومات ص٢٨.

المكتبة المدرسية:

هذا النوع من المكتبات قديم، ارتبط وجوده بوجود المؤسسة التعليمية. ونجد في تراثنا العربي الإسلامي أن المدارس التي أنشأها نظام الملك السلجوقي (ت: ٤٨٥هـ) قد رافق إنشاءها مكتبات وفرت للطلبة والمدرسين ما يحتاجون إليه من الكتب ولوازم الكتابة[1].

والمكتبة المدرسية من لوازم المدرسة في العصر الحديث، فأكثر المدارس تضم في غرفة من غرفها مكتبة تخدم طلبتها ومدرسيها.

ومما يجب التنبيه غليه أن وجود المكتبة في المدرسة ليس ترفاً، بل هو جزء أساسي من العملية التربوية التعليمية. ولا بد أن تترافق عمليتا التعليم والتعلم معاً، وأن تنمو عملية التعلّم مع مرور الزمن، وتقدم الطالب في المراحل الدراسية.

إن الوجود الضعيف للمكتبة المدرسية هو أثر من آثار المفاهيم المغلوطة للعملية التعليمية، مما يؤدي إلى اعتماد الطالب اعتماداً رئيسياً على المعلم والكتاب المدرسي ولا يخرج عنهما إلا قليلاً، مما يضيّع عليه فرصاً كثيرة لاكتساب المعرفة، واكتساب مهارات لا تتحقق إلا في المكتبة.

والطالب لا يستغني عن المكتبة لاستكمال متطلبات المنهج الدراسي التي لا يفي بها الكتاب وحده، فالتدريبات وإعداد التقارير، ومراجعة المعاجم والموسوعات أمور لا بد لتحقيقها من مراجعة المكتبة.

إن المكتبة في كثير من المدارس جزء شكلي معطل لا يؤدي الوظيفة التي أنشىء من أجلها. وأهداف المكتبة جليلة سامية يحس المرء بالأسى لأن كثيراً منها لا يتحقق. وها نحن نواجه طلبتنا في الجامعة فإذا كثير منهم لم يستفد من مكتبة المدرسة إلا قليلاً.

ولقد تحدث الباحثون عن أهداف المكتبة المدرسية فأجملوا وفصلوا، والنظر في

---

(١) انظر: المكتبات في الإسلام، د.محمد ماهر حمادة، ص١٣٥.

الواقع التفكير فيه يجعلنا نضع الأهداف على النحو التالي[1]:

١- مساعدة الطلاب على استكمال متطلبات المنهج الدراسي، من تدريبات وتقارير، ومراجعات لمصادر المعلومات المختلفة.

٢- توفير مصادر معلومات تعين الطلبة على اكتساب الثقافة في مختلف مجالات المعرفة.

٣- غرس حب المطالعة في نفوس الطلبة، واعتبارها قيمة من قيم الحياة المهمة.

٤- تنمية حب الكتاب في نفوس الطلبة، وإحاطته بالتكريم والاحترام، وكم كان مؤلماً ما كنا نشاهده في ساحات المدارس في نهاية كل فصل دراسي من تمزيق للكتب، وذلك قبل أن تبادر وزارة التربية إلى إصدارالأمر بجمع الكتب من الطلبة في نهاية كل فصل. وهذه الظاهرة تدل على فقدان كثير من الطلبة لحب الكتاب وإدراك قيمته، بل إنها تدل على روح عدوانية تجاه الكتاب!

٥- إيجاد الوعي المكتبي لدى الطلبة، ونعني بذلك أن يدرك الطالب قيمة المكتبة في حياة الإنسان، وأن يعرف أقسامها، وأوجه الإفادة منها، وأن يمتلك المهارات المكتبية من تعامل مع الفهارس ونظام التصنيف، وما يتوافر في المكتبة من أجهزة وأدوات، وأن يتحلى بآداب المكتبة، من الهدوء والتزام بالتعليمات المتبعة فيها.

٦- تعويد الطلبة على حسن استثمار أوقات الفراغ، فالوقت هو العمر، وينبغي أن يعتاد الطالب على ألا يصرف من عمره شيئاً إلا في اكتساب أمر يفيده في دينه أو دنياه، والصلة بالمكتبة وسيلة من وسائل ذلك.

٧- السعي إلى اكتشاف مواهب الطلبة وتنميتها، في مختلف المجالات، من مواهب أدبية في الشعر والقصة وكتابة المسرحية والمقال والخاطرة، وفي المواهب التشكيلية من خط ورسم وغير ذلك.

---

(1) انظر: مكتبة الطفل، د.حسن عبدالشافي، ص٢٤، أساسيات علم المكتبات، ص٤٠، المرجع في علم المكتبات والمعلومات، ص٣٨ وقد ورد استقصاء للأهداف التي ذكرها كثير من المؤلفين في كتاب: واقع مكتبات المدارس الثانوية في الأردن، لمحمد سعيد الشيخ علي، ص٧-٩.

ولكن أين المكتبات المدرسية من هذه الأهداف السابقة؟

لقد استطلعت على مدى عدة سنوات آراء الطلبة في الجامعة وهم من بلاد عربية مختلفة، واستطعت الوصول إلى أن واقع المكتبات المدرسية في مختلف مراحلها في أكثر البلاد العربية متشابه أو متقارب! وخلصت إلى حصر السلبيات التالية في المكتبات المدرسية:

١. هناك مدارس ليس فيها مكتبات، ولا أريد أن أضع نسبة مئوية لهذه المدارس، والمرجع في هذا الدراسات العلمية الميدانية[١]، وإن تعليمات وأنظمة وزارات التربية والتعليم تقضي بوجوب وجود مكتبة في كل مدرسة، ولكنّ هناك نقصاً في المتابعة وتطبيق هذا الأمر.

وإن من المؤسف أن نقترب من نهاية القرن العشرين، وبعض مدارسنا تفتقد المكتبة، والعالم من حولنا يدخل عالم شبكات المعلومات.

٢. المكتبة المدرسية موجودة في كثير من المدارس، ولكنها لا تؤدي الدور المطلوب، ومن أسباب ذلك: ضعف مصادر المعلومات الموجودة فيها، وعدم تنوعها، وضعف الميزانية المرصودة لها. إن من المهم لحل هذه المشكلة النظر إلى المكتبة على أنها جزء مهم وحيوي في المكتبة يستحق الالتفات إليه، وتنميته وتزويده.

٣. افتقاد أمين المكتبة المؤهل علمياً، والمؤمن برسالة المكتبة، وإن اشتراط التأهيل المكتبي في أمين المكتبة أمر غير لازم في مدارسنا، وكثير من أمناء المكتبات من المدرسين الذين طالت خدمتهم، وتقدمت سنهم، أو كثرت مشكلاتهم، أو ليس لتخصصهم الجدول المدرسي ما يكفي للحصول على النصاب المقرر. فكيف يمكن أن يؤدي مثل هؤلاء المدرسين رسالة المكتبة؟ إن من المهم أن يشترط في من يعمل في المكتبة أم يكون مؤهلاً تأهيلاً حقيقياً.

---

(١) انظر: واقع مكتبات المدارس الثانوية في الأردن، محمد سعيد الشيخ علي حيث استعرض دراسات من مختلف البلاد العربية لواقع المكتبات المدرسية.

٤. افتقاد حصة مخصصة للمكتبة، وهذا يعني حرمان الطلبة من الوصول إلى المكتبة إلا في أضيق الحدود، ولنا أن نسأل: متى يمكن أن ينتفع الطالب بالمكتبة وهم يدخلون المدرسة في الصباح، وينتقلون من حصة إلى أخرى، ثم إذا غادروا المدرسة كانت المكتبة قد أغلقت أبوابها؟ إن من المهم جداً أن تخصص للمكتبة حصة، ويوضع لها منهج وأهداف يُسعى إلى تحقيقها. وقد أفاد بعض الطلبة أن بعض البلاد العربية تخصص للمكتبة حصة، وأنهم استفادوا منها فائدة حقيقة، وأفاد بعضهم أنها كانت حصة شكلية لا يتم التخطيط لها، ويترك الطالب مع مصادر المعلومات من غير توجيه. ومثل هذا الأمر راجع إلى أمانة من يوكل إليه أمر حصة المكتبة، كشأن أي حصة أخرى.

٥. قد تتوافر المكتبة الجيدة، وأمين المكتبة، والحصة المكتبية، ولكن لا تحقق المكتبة المدرسية أهدافها، لافتقاد الوعي المكتبي لدى مدير المدرسة والمدرسين، ولذلك تحوّل حصة المكتبة إلى حصة تقوية في بعض المواد الدراسية، أو لا يلفت المدرسون نظر الطلبة إلى المكتبة ومصادرها، ولا يكلفونهم بالواجبات التي تصلهم بها، وفي المقابل نجد أن الوعي المكتبي يربط الطلبة بالمكتبات الموجودة في البيئة وليس بمكتبة المدرسة وحدها.

المكتبة الجامعية:

ويمكن أن تسمى مكتبة التعليم العالي، أو المكتبة الأكاديمية، وهي نوع من أنواع المكتبات التعليمية كالمكتبة المدرسية، وإن تكن مختلفة في أهدافها ووسائلها لاختلاف طبيعة المرحلة التعليمية التي تخدمها.

«وتحتل المكتبة الجامعية موقع القلب من الجامعة، ذلك لأنها تسهم إسهاماً إيجابياً في تحقيق أهداف الجامعة في التدريس والبحث، بل تعتبر المكتبات الجامعية أحد المقومات الأساسية في تقييم الجامعات العصرية. والاعتراف بها على المستويات الأكاديمية الوطنية والدولية»[1].

---

(١) المكتبات الجامعية، د.أحمد بدر، د.محمد فتحي عبدالهادي، ص٩.

وإذا كنا رأينا للمكتبة المدرسية أقساماً، من مركزية ومكتبة صف ومكتبة مادة فإن للمكتبة الجامعية أقساماً كذلك، وبخاصة عندما يكبر حجم المؤسسة الجامعية وتتباعد مبانيها، ويزداد عد طلابها وأساتذتها، فإذا كان حجمها محدوداً، وطلبتها قليلي العدد، لم تكن لها حاجة إلى استحداث أقسام للمكتبة، وإليك بيان هذه الأقسام[1]:

١- المكتبة المركزية: وهي المكتبة الأم في الجامعة، وفيها الكم الأكبر من مصادر المعلومات والخدمات المكتبية.

٢- مكتبة الكلية: وهي المكتبة التي تخدم التخصصات الموجودة في كلية محددة، ومن فوائدها أنها تتيح للطلبة المجال لاستثمار أوقات الفراغ بين المحاضرات، فإذا لم تكن في الكلية مكتبة ثقلت همتهم عن التوجه إلى المكتبة المركزية لبعدها، وللوقت الذي سيقضونه في التوجه إليها والعودة منها، ومن فوائدها كذلك أنها تخفف الزحام في المكتبة المركزية التي قد لا تستطيع استيعاب طلبة المؤسسة في حال إقبالهم عليها[2].

٣- مكتبة القسم: وتهدف هذه المكتبة إلى خدمة قسم معين، وغالباً ما توضع في قاعة اجتماعات القسم - إن وجدت - ويشرف عليها أمين سر القسم (السكرتير)، والهدف منها هو وضع المراجع الأساسية التي يحتاج إليها الأساتذة قريبة من أيديهم[3].

أهداف المكتبة الجامعية:

المكتبة ركن أساسي من أركان مؤسسة التعليم العالي، ووسيلة مهمة من وسائل تحقيق أهدافها، ويمكن أن نحدد هذه الأهداف فيما يلي:

---

(١) انظر: أساسيات علم المكتبات، د.عمر همشري، د.ربحي عليان، ص٤٢.

(٢) انظر: المكتبات الجامعية، د.أحمد بدر، د. محمد فتحي عبدالهادي، ص١٣١.

(٣) انظر: المكتبات الجامعية، ص١٢٤.

١. هدف التعليم:

وهو هدف رئيسي من أهداف مؤسسة التعليم العالي، ولتحقيقه لا بد أن توفر المكتبة مصادر المعلومات التي تتصف بالشمول، لتغطي احتياجات العملية التعليمية للأساتذة والطلبة. والجدّة، وهذه صفة لا بد منها حتى تكون المعلومات التي يتلقاها الطالب حديثة، وبخاصة في التخصصات النامية التي يجدُّ فيها جديد في كل يوم كالحاسوب والمحاسبة والتخصصات الطبية وما يتصل بها. وقد يكون هذا الأمر مكلفاً، ولكن القيمة المادية تتضاءل أمام الفائدة التي تحقق للطلبة والمدرسين حتى لا يكون ما يأخذه الطالب جزءاً من تاريخ العلم!

٢. هدف البحث:

البحث جزء أساسي من وظائف الجامعة، وذلك لأن الأساتذة يقومون بأبحاثهم التي يثرون بها المعرفة الإنسانية، وتكون وسيلة لهم للترقي في السلّم الأكاديمي. وكذلك البحث جزء من العملية التعليمية بما يقوم به طلبة المرحلة الجامعية الأولى من تقارير البحوث، وطلبة الدراسات العليا -إن وجدت- من إعداد لرسائل الماجستير والدكتوراه. وليحقق هذا الهدف لا بد من توفير مجموعة من الخدمات، ومنها:

الخدمة المرجعية المتميّزة: ومن ألوانها الإجابة عن أسئلة الباحثين في موضوعات محددة، بإعداد قوائم بالمصادر التي تخدمهم في بحوثهم [١].

ومنها خدمة البث التلقائي بعد استكشاف تخصصات الأساتذة ومجالات اهتمامهم، وهذه الخدمة تتم عند حوسبة المكتبة [٢].

---

(١) انظر: المكتبات الجامعية، د.أحمد بدر، د.محمد فتحي عبدالهادي، ص٢٢٦.

(٢) انظر: المرجع السابق ص٢٢٩.

٣. خدمة المجتمع:

ومن الأهداف التي ينبغي أن تسعى إلى تحقيقها المكتبة الجامعة أن تتيح المجال للمجتمع المحلي للاستفادة من خدماتها ومحتوياتها. ومن تطبيقات هذا الهدف: إتاحة المجال للاشتراك في المكتبة بضوابط خاصة، ومن المكتبات التي تتيح هذا المجال مكتبة الجامعة الأردنية التي تفرض اشتراكاً سنوياً مقداره عشرة دنانير ورسم تأمين مسترد مقداره خمسون ديناراً[1]. ومن أوجه خدمة المجتمع إقامة دورات للعاملين في المكتبات الموجودة في المجتمع المحلي: أمناء مكتبات المدارس، أو الشركات. لإطلاعهم على الجديد في الخدمات المكتبية. ويفترض في المكتبة الجامعية أن تكون رائدة في مصادرها، وخدماتها، وأن تواكب كل جديد في مجال الخدمات المكتبية المتطورة.

ولا بد من الإشارة أخيراً إلى أن من المهم أن تسعى المكتبة الجامعية إلى استقطاب جمهورها، والاهتمام بالإعلام المكتبي، من خلال النشرات التي توجه إلى الأساتذة والموظفين، وبوضع لوحات إعلانية في مختلف مباني المؤسسة التعليمية، لإطلاع الجمهور على كل جديد عن مصادر المعلومات أو الخدمات. «ومهما تكن عليه الجامعة من أوضاع، فالقاعدة السارية هي أن تشغل المكتبة قلب المدينة الجامعية، وتحلّ في أحسن مركز، ومن ثمّ تتحلق حولها فروع الدروس المختلفة، والكليات التمهيدية والمختبرات، والفصائل الجامعية»[2].

المكتبة الخاصة:

هي المكتبة التي ينشئها الفرد في بيته أو مكتبه لخدمة تخصصه أو هوايته أو موهبته أو حاجاته الخاصة.

---

(١) انظر: دليل مكتبة الجامعة الأردنية، ١٤١٥/١٩٩٥، ص٣٥.

(٢) المكتبات العامة، أندرسون، ص١٤٨.

أهداف إنشائها:

إن إنشاء مكتبة خاصة لا بد أن يرتبط بحاجات معينة، ويسعى إلى تحقيق أهداف محددة. ويمكن أن نجمل هذه الأهداف فيما يلي:

١. خدمة التخصص العلمي:

يغلب أن يكون التخصص العلمي للفرد هو الحافز الأول لإنشاء مكتبة خاصة. لأن مصادر التخصص التي تخدم موادّه المختلفة تكون بدايات المكتبة الخاصة. والطالب الجاد أو المتعلم الحقيقي هو الذي يحرص على أن يكون له دوام اتصال بمصادر المعلومات في تخصصه لكي تظل معلوماته حديثه ونامية. ولذا فإنه يستمر في التزود بكل جديد في مجال التخصص مما يثري مكتبته الخاصة.

٢. خدمة مجال العمل:

وبخاصة إذا كان بعيداً عن مجال التخصص، وإنه يكثر أن نجد من يعمل في مجال غير مجال دراسته، فقد يكون محامياً ويعمل في التجارة، أو مهندساً يعمل في الزراعة .. إلى غير ذلك، وهذا يقتضي منه أن يقرأ في مجال العمل الجديد ليكون على بينة منه، ولكي لا يقع في مجال الخبرة المبنية على تجربة الخطأ والصواب. وقد لا يكون العمل كلياً بل جزئياً، بمعنى أن يكون للطبيب أو المحامي أو غيرهما مجال عمل إضافي، يقتضي- الاطلاع العلمي عليه، مما يستدعي وجود مصادر معلومة خاصة به في مكتبته.

٣. خدمة الموهبة:

والموهبة هي قدرة على إبداع لون من ألوان الفن القولي أو التشكيلي، أو غيرهما. وهي هبة ربانية، لكنها لا تكتمل إلا بالصقل الناتج عن الممارسة، والتغذية المبنية على الاطلاع على تجارب الآخرين. وهذا يقتضي تخصيص جزء من المكتبة لخدمة الموهبة: شعراً أو قصة أو مسرحاً أو رسماً، أو غير ذلك.

٤. خدمة الهواية:

والهواية هي ميل إلى لون مـن ألـوان الفكـر أو الفـن أو أي مجـال مـن مجـالات الحياة. والمقصود هنا هو الهوايات الفكرية أو الأدبية أو الفنية. فمن النـاس مـن يهوى مطالعة الشعر أو القصة أو كتب التاريخ، أو كتب الفن أو غير ذلك. وهـذا يقتضي أن يكون في المكتبة الخاصة ما يلبي حاجة الهواية.

٥. خدمة الثقافة:

والمقصود بالثقافة هنا الرغبـة في معرفـة شيء عـن كـل شيء. وعصرنا يثير هذه النزعة لدى الإنسان، فقد يسمع أو يقرأ عن شخص أو مكان أو فكرة، ويحب أن يعرف المزيد، فينبغي أن يكون بين يديه مصادر معلومات تلبي هـذه الحاجـة، وأبرز هذه المصادر الموسوعات العامة.

٦. خدمة الحاجة الدينية:

الدين أساس من أسس الحياة البشرية، ولا يستغني المرء عـن الاطـلاع عـلى مـا ينبغي أن يعرفه من أمور دينـه. فـلا يستغني المسـلم عـن أن يكـون في مكتبتـه الخاصة مصحف، وكتاب في التفسير، وكتاب في الحديث، وكتب في الفقـه والسـيرة .. وهكذا .. حتى يستطيع تحصيل المعلومـات الأساسـية التي ينبغـي أن يعرفهـا، ويجد الجواب عما يطرأ له من أمور.

ولا بد من الإشارة إلى أن المكتبة الخاصة ليست كتباً ومجلات فحسب بل هناك المكتبة السمعية: الأشرطة، والسمعية البصرية: أشرطة الفيديو، وهنـاك المكتبـة الحاسوبية التي أخذت في النمو، والتي سيكون لها في وقت قريب أثر في تعديل صورة المكتبة الخاصة، واختصار المكان والجهد المبـذول في الوصول إلى المعلومة المطلوبة.

الأكفّاء [1] والخدمة المكتبية:

أحببت ألا أختم الحديث عن المكتبات في العصر ـ الحديث مـن غـير وقـوف عـلى قضية الأكفّاء والخدمة المكتبية، ذلك أنه لا ينبغي أن يحرم هـؤلاء الـذي ابتُلـوا بفقدان البصر من الخدمة المكتبية الجيّدة التي تضمن لهم اتصالاً بمصادر المعلومات، وبخاصة أننا في عصر تقدمت فيه الوسائل التي تمكنهم من الإفادة من مصادر المكتبة.

ومما نلحظه أن الخدمة المكتبية تقدم للأكفّاء في المـدارس المخصصة لهـم ـإن وجدت ـ وفي مراكز النور والأمل أو الجمعيات التي تعنـى بهـم، وقـد خطت مكتبـة الجامعة الأردنية بالتعاون مـع «جمعيـة رعايـة المكفوفين» بتخصيص خدمـة خاصـة للأكفّاء تمكنهم من الاستفادة من مصادر المعلومات فيها.

إن الحاسوب التي تصنع مفاتيحه وفق رموز بريل يمكن أن يكون مدخلاً للكفيف إلى مصادر المعلومات، وخصوصاً مع وجود البرامج الحاسوبية الناطقة، كما أن بالإمكان الإفادة من الحاسوب بربطه بآلة طابعة على طريقة بريل، بحيـث يطلب الكفيـف مـا يشاء من مصادر المعلومات، وتأتيه مكتوبة بالطريقة التي يحسن التعامل معها.

إن من حق الكفيف أن يجـد الخدمـة المكتبيـة المناسبة في أنـواع المكتبـات كلهـا: الوطنية، والمدرسية، والعامة، ومكتبات الأطفال، والجامعية .. وحقه في ذلك ليس أقل من حق المبصرين ..

---

(1) أكفّاء: جمع كفيف. ومكفوف تجمع مكافيف. راجع المعجم الوسيط: كفّ.

المصادر والمراجع

١- أساسيات علم المكتبات والتوثيق والمعلومات، د.عمر أحمد همشري، د.ربحي عليان، عمّان، ١٩٩٠م.

٢- الخدمة المكتبية العامة للأطفال، سهير محفوظ، وكالة المطبوعات، الكويت ١٤٠٣هـ / ١٩٨٣.

٣- دليل مكتبة الجامعة الأردنية. ١٤١٥هـ / ١٩٩٥م.

٤- الكتاب والمكتبات، منصور محمد سرحان، وزارة الإعلام، البحرين، ١٩٨٣م.

٥- المرجع في علم المكتبات والمعلومات، د.عمر أحمد همشري، د.ربحي عليان، دار الشروق، عمّان، ١٩٩٧م.

٦- المكتبات الجامعية، د.أحمد بدر، د.محمد فتحي عبدالهادي، مكتبة غريب، القاهرة.

٧- مكتبة الطفل، د.حسن محمد عبدالشافي، دار الكتاب العربي، القاهرة، دار الكتاب اللبناني، بيروت، ١٤١٣هـ/١٩٩٣م.

٨- المكتبات العامة بين التخطيط والتنفيذ، د. أحمد أنور عمر، دار النهضة العربية، القاهرة، ١٩٨٣م.

٩- المكتبات الوطنية، د.عبدالعزيز النهاري، مطبوعات مكتبة الملك فهد الوطنية، السلسلة الثانية (١٩) الرياض ١٤١٤هـ/١٩٩٤م.

١٠- واقع مكتبات المدارس الثانوية في الأردن، محمد سعيد الشيخ علي، منشورات جمعية المكتبات الأردنية، ١٩٨٩م.

١١- جريدة الرأي.

الفصل الثاني

مصادر المعلومات في المكتبة

د.مأمون فريز جرار

تحرص المكتبة على خدمة جمهورها بكل سبيل متاح. فهي تخدم من يقبل على المكتبة ليقضي فيها وقتاً يطول أو يقصر، وتفتح له رفوفها سواء منها ما كان من المراجع أو من الكتب المتاحة للإعارة، وتخدم من لا يجد الوقت للجلوس في المكتبة، فتتيح له مجال الاشتراك -إن توافرت فيه شروطه- وتيسر له الحصول على ما يريد مما هو متاح في قسم الإعارة.

وهذا يعني أن مصادر المعلومات التي ترد إلى المكتبة تذهب في إحدى سبيلين، إما إلى قسم الإعارة، وما في هذا القسم متاح لاستعارة المشتركين، أو إلى قسم المراجع، وهو ما لا يمكن خروجه من المكتبة إلا بشروط خاصة جداً.

إن المكتبة تحجز في قسم المراجع تلك المصادر التي تتصف بالصفات التالية أو بعضها:

١- المراجع التي لا يمكن تعويضها إن فقدت: ومنها الدوريات والكتب السنوية والحوليات والأدلة والتقاويم والببليوغرافيات والكشافات.

٢- الكتب المتعددة الأجزاء التي تفقد قيمتها إن فقد جزء منها.

٣- الكتب الشاملة في بابها التي تكثر الحاجة إليها ومن الضروري أن تظل تحت أيدي جمهور المكتبة، ومنها الكتب الأمهات في مختلف العلوم، والمعاجم، والموسوعات.

٤- الكتب النادرة التي نفدت طبعتها ومرت عليها ستون سنة، مما يجعل لها قيمة خاصة.

٥- الكتب الثمينة التي ليس من الميسر للمكتبة أن تعوضها إن فقدت.

٦- المخطوطات، وبخاصة ما كان منها قديم العهد.

٧- الرسائل الجامعية.

٨- مطبوعات المنظمات الدولية كالأمم المتحدة والوكالات المتفرعة عنها، من

اليونسكو واليونيسيف والفاو وغيرها[1].

إن مفهوم المرجع لدى المكتبيين هو ذلك المصدر الذي لا يُقرأ من أوله إلى آخره دفعة واحدة، بل يُرجع إليه من حين إلى آخر. وقد لا يصدق هذا التعريف على المصادر كلها، ولكن الحكم على الغالب[2].

وإذا كانت بعض القاعات في المكتبة تعرف بقاعة المراجع، فإن هذه القاعة لا تحوي المراجع كلها، لأن بعض المراجع ذات الطبيعة الخاصة تفرد في غرفة أو قسم خاص في المكتبة، كالدوريات، والمخطوطات، والرسائل الجامعية، وغيرها.

وإذا كان من أهداف المكتبة بتخصيص قسم أو أقسام للمراجع المكتبية أن تحافظ على المقتنيات الثمينة أو التي لا يتيسر تعويضها، فإن من أهدافها كذلك أن تقدّم خدمة مكتبية غير محدودة بعدد محدود من مصادر المعلومات. فالكتاب في قاعة المراجع تتداوله أيدي رواد المكتبة أكثر من تلك الكتب التي تستعار، ويحجزها المستعيرون أياماً بل أسابيع، وربما لا يستفيدون منها، ولا يدعون غيرهم يستفيد منها!

أنواع مصادر المعلومات في المكتبة:

تقسم مصادر المعلومات إلى قسمين رئيسين:

أ. المصادر الكتبية: وهي المصادر التي تأخذ شكل كتاب.

ب. المصادر غير الكتبية: وهي المصادر السمعية والبصرية التي لا تأخذ صورة كتاب.

وسنقف على كل قسم من هذين القسمين بشيء من البيان يوضح للقارىء مفهومه وبعض ما يدل عليه.

---

(١) انظر: مصادر المعلومات في المكتبات، د. أنور عمر، ص٤٧-٤٨.

(٢) المصدر نفسه، ص٤١.

المصادر المكتبية:

الكتاب هو المصدر الأهم في تاريخ البشرية، الذي تداول البشر المعلومات من خلاله. وقد عانت البشرية عبر رحلة طويلة حتى وصلت إلى الكتاب في صورته التي تعرفها. فقد كتب الإنسان على الطين، فكان الكتاب مكوناً من مجموعة من ألواح الطين المشوية، وكتب على البردي واتخذ البردي في الغالب صورة الكتاب اللفافة، أو الأسطواني الشكل، وكتب على الجلود، وباستخدام الجلد بدأت صورة الكتاب الكراس بالظهور، ثم كان اختراع الورق، ثم انتشاره وحلوله محل مواد الكتابة المختلفة.

يقسم الكتاب إلى:

١- **كتاب مطبوع. وهو يقسم إلى:**

أ. مطبوع غير منشور: وهو ما طبع بأي وسيلة من وسائل الطباعة، ولكن لم تتوافر منه نسخ يتداولها الراغبون، ومنها الرسائل الجامعية، والتقارير عن مراكز البحوث والنسخ الأصلية من المؤلفات إذا طبعت.

ب. مطبوع منشور: وهو المطبوع الذي توافرت منه النسخ من خلال دار النشر أو بطبعه على حساب المؤلف، وكان الحصول عليه ميسراً.

٢- **كتاب مخطوط:** وهو الكتاب الذي كتب بخط اليد، سواء أكان هذا المخطوط قديماً أم حديثاً، ولا يخفى أن قيمة المخطوط تزداد كلما ازداد عمره.

ولنقف قليلاً عند المخطوطات، باعتبارها من المراجع المهمة في المكتبة، التي تجد عناية خاصة.

المخطوطات[1]:

هي الكتب أو الوثائق أو مصادر المعلومات المكتوبة بخط اليد. وهذا المصطلح

(1) انظر في المخطوطات وتحقيقها: البحث الأدبي للدكتور شوقي ضيف، ص١٧٦ ما بعدها، قواعد تحقيق المخطوطات، د. صلاح الدين المنجد، تحقيق النصوص ونشرها، عبدالسلام هارون، منهج البحث وتحقيق النصوص، د.يحيى الجبوري، ص١٢٧ وما بعدها.

فيما أرى حادث بعد اختراع الطباعة. وإلا فمصادر المعلومات كلها كانت قبل الطباعة مخطوطة، يكتبها المؤلفون بأيديهم ثم تتداولها أيدي النساخ في دكاكين الورّاقين.

قيمة المخطوطات:

لقيت المخطوطات في زماننا عناية فائقة من أهل العلم ومن المكتبيين. وتزداد قيمة المخطوطة إذا كانت قديمة أو إذا كانت بقلم مؤلفها أو بقلم خطاط شهير.

ومن المظاهر الدالة على قيمة المخطوطات:

١- حفظها في أماكن خاصة في المكتبات في ظروف جويّة مناسبة: حرارة ورطوبة، وذلك لتبقى سليمة من التلف. وفي كثير من الأحيان يمنع الجمهور من الاتصال المباشر بها، وتتم الاستفادة منها بتصويرها بالميكروفيلم أو أي شكل آخر من أشكال التصوير.

٢- تداولها بيعاً وشراءً، ونجد بعض المخطوطات تباع بأثمان عالية في المزادات العالمية.

٣- تحقيقها والعناية بها، ووضعها مطبوعة بين أيدي القراء.

وإذا كانت هذه مظاهر دالة على قيمة المخطوطات فإن لها أوجهاً مختلفة من القيمة، فليست المخطوطات كلها سواءً، وليست العناية بها لسبب واحد. ويمكننا أن نرصد الأوجه التالية لقيمة المخطوطات:

١. القيمة العلمية:

إذا كانت المخطوطة من كتب العلم التي يستفاد منها، وما يزال محتواها ذا قيمة علمية، فإن الاهتمام بها تحقيقاً ونشراً يرتكز على هذا الوجه. ومن ذلك كتب الفقه والحديث والتاريخ وغير ذلك.

٢. القيمة الوثائقية:

لبعض المخطوطات وجه آخر غير القيمة العلمية وهو الجانب الوثائقي بأن يكون الكتاب بخط مؤلفه، أو بخط كاتب مشهور، أو عليه تعليقات لعالم من العلماء

المتميّزين. وما كان من هذا اللون من المخطوطات فإنه لا يفقد قيمته بعد تحقيق الكتاب ونشره.

٣. القيمة التاريخية:

ولهذه القيمة وجهان:

أ. وجه يتعلق بمحتوى الكتاب ودلالته على تطور العلم الذي ينتمي إليه.

ب. وجه آخر يتعلق بالمادة التي كتب عليها: من جلد أو قرطاس أو ورق، وكذلك الحبر ونوع الخط والتجليد.

٤. القيمة الجمالية أو الفنية:

وذلك بأن يكون الكتاب بخط خطاط مشهور، أو يحتوي على رسوم وزخارف، وهنا لا ينظر إلى المحتوى فحسب بل إلى الشكل، وقد يغلب الشكل في رفع قيمة المخطوطة.

٥. القيمة المادية:

وهذه القيمة مظهر من مظاهر الأوجه السابقة، ولذلك نجد من يتداول شراء المخطوطات يميل إلى هذا الوجه، حيث يعدّ المخطوطة جزءاً من ثروته.

تحقيق المخطوطات:

قلنا: إن من الأوجه الدالة على قيمة المخطوطة عناية العلماء بها وتحقيقها. وأريد أن أقدم نبذة عن التحقيق ليكون قارىء الكتاب على بينة منه.

التحقيق: هو السعي إلى تقديم الكتاب المخطوط على الصورة التي وضعها المؤلف أو قريباً من ذلك، مع خدمات إضافية.

ونقول قريباً من ذلك لأنه قد لا يتيسر للمحقق الوصول بالكتاب إلى ما كان عليه على عهد المؤلف، إما لنقص في بعض أجزائه، أو تلف بعض صفحاته أو سطوره أو غير ذلك من الأسباب.

وأما الخدمات الإضافية فهي زوائد يضيفها المحقق في المقدمة وفي هوامش

الكتاب وفي ملاحقه، ولنا حديث عنها من بعد.

خطوات تحقيق المخطوط:

١- **السعي إلى الحصول على صور من النسخ المخطوطة** أو أصولها - إن تيسر- وذلك بالرجوع إلى الكتب الخاصة بفهارس المخطوطات أو تاريخ الأدب العربي لكارل بروكلمان، أو تاريخ التراث العربي لفؤاد سيزكين. وفي هذه الكتب نجد بياناً بمواقع وجود المخطوطات وأرقامها. وتتم مراسلة المكتبات والمتاحف والجهات التي تملك المخطوطات، ويُدفع ثمن التصوير وأجور البريد. وبعض المكتبات تشترط المبادلة في المخطوطات.

٢- **تصنيف المخطوطات** التي تجتمع لدى المحقق وفق عدد من الشروط، منها: قِدَم المخطوطة، وتمامها، ووضوح خطها ويتم اختيار نسخة تُعدّ النسخة الأم، وتعتمد في التحقيق في أصل الكتاب، وتقارن بها النسخ الأخرى التي تعتمد في التحقيق.

٣- **نسخ المخطوطة** الأم مع ترك فراغ في الهامش لإجراء المقارنة وإثبات خدمة الهوامش.

٤- **الموازنة بين النسخة المعتمدة** (الأم) والنسخ الأخرى وإثبات ذلك في هوامش الصفحات، وتقديم خدمات الهوامش ومنها: بيان مواضع الآيات في القرآن الكريم، وتخريج الأحاديث النبوية، ونسبة أبيات الشعر إلى قائليها وبيان مواضعها في الدواوين والمجموعات الشعرية، وشرح المصطلحات والكلمات الغريبة، وكتابة نبذة عن الأعلام والأماكن التي ترد في أصل الكتاب، وتصحيح بعض الأخطاء في المعلومات الواردة في النص .. وغير ذلك مما يقتضيه مضمون كل مخطوط.

٥- **كتابة مقدمة للتحقيق** يبين فيها المحقق جهده في تحقيق الكتاب وخطته فيه. ويسبق ذلك حديث عن المؤلف وكتابه، وبيان قيمة الكتاب التي تدعو إلى تحقيقه، مع حديث عن النسخ المعتمدة في التحقيق ووصف لها، وأماكن

وجودها، وتختم المقدمة في العادة بإثبات صور للصفحات الأولى والأخيرة لكل مخطوطة .. ففي الصفحة الأولى عنوان الكتاب وفي الأخيرة اسم الناسخ وسنة النسخ ومكانه.

٦- **إعداد الملاحق:** والملاحق ليست من أصل الكتاب المخطوط، بل هي من صنع المحقق، والغاية منها تيسير وصول القارىء إلى ما يريده من مضمون الكتاب من غير عناء ولا إضاعة لوقت. وتختلف الملاحق من كتاب إلى آخر، لأن محتوى الكتاب هو الذي يحددها، ومما تتضمنه الملاحق إعداد فهارس بمواضع الآيات والأحاديث والمصطلحات، والأعلام والأماكن والأمثال والحكم والكتب التي ورد ذكرها في النص .. إلى غير ذلك. وكلما ازداد عدد الفهارس كان مضمون الكتاب واضحاً، وكان الوصول إلى المراد منه أيسر. ومما يرد في الملاحق قائمة بمصادر التحقيق التي رجع إليها المحقق في خدمة الكتاب المخطوط.

الموسوعات أو دوائر المعارف:

من المصادر المهمة التي توضع في قائمة المراجع ويمنع خروجها لأهميتها وكثرة الحاجة إليها: الموسوعات أو دوائر المعارف. ولا بد من الإشارة إلى أن كلمة موسوعة تستخدم أحياناً على غير معناها الدقيق. فالكتاب الكبير أو الذي يميل إلى التنوع يسميه بعض المؤلفين موسوعة.

إنني أدعو إلى أن نميّز بين مصطلحين شائعين على أنهما من المترادفات، وهما: الموسوعة ودائرة المعارف[١].

فأما الموسوعة فهي الكتاب الذي يعطينا كل شيء عن شيء. أو هي ما يعرف بالموسوعة المتخصصة. فكتاب شامل في الطب نسميه موسوعة طبية، وكذلك أي

---

(١) استخدم المصطلحان بمعنى واحد في المعجم الوسيط، حيث جاء في تعريف الموسوعة: كتاب يجمع معلومات في كل ميادين المعرفة، أو في ميدان منها، مرتبة ترتيباً أبجدياً (مادة:وسع)، ومثلها ورد في تعريف دائرة المعارف في مادة (دور).

كتاب يتناول موضوعاً من جوانبه كافة فهو موسوعة.

وهذا الفهم يتفق مع الاشتقاق اللغوي الذي يعود إلى الوُسع أو السعة، بما فيها من قدرة على الاحتواء والشمول.

فالموسوعة الفلسطينية، موسوعة لأنها تتناول موضوعاً محدداً هو فلسطين.

وكذلك الموسوعة الطبية أو الفلسفية، أو الموسوعة العلمية الميسرة، أو موسوعة الطيور إلى غير ذلك.

وأما دائرة المعارف: فهي الكتاب الذي يعطينا شيئاً عن كل شيء. وإذا كان الشمول من خصائص الموسوعة في تناولها لموضوع محدد، فإن التنوع من خصائص دائرة المعارف، وإذا كانت الموسوعة تقع في نطاق اهتمام المتخصصين، فإن دائرة المعارف لازمة لكل متعلم أو مثقف، فهي أشبه بمستشار ثقافي يرجع إليه الإنسان من حين إلى آخر ليجد الجواب عما يعرض له من قضايا ويثور بين يديه من مشكلات، حول الأشخاص والأماكن والمذاهب والدول .. وغير ذلك.

وعلى هذا فما يُعرف بالموسوعة البريطانية هو دائرة معارف، وكذلك الأمريكية، ومثلها الموسوعة العربية العالمية التي صدرت في السعودية مؤخراً في ثلاثين مجلّداً.

المعاجم:

ومن المصادر المهمة في قسم المراجع المعاجم. والمعجم هو الكتاب الذي يزيل العُجمة أي الغرابة عن اللفظة.

وقد تنوعت المعاجم في لغتنا، ويمكن أن نجملها فيما يلي:

١. معاجم الألفاظ:

وهي المعاجم التي نرجع إليها للبحث عن معنى كلمة أو ضبطها أو البحث عن مشتقاتها .. وهي نوعان:

أ.   **معاجم عامة**، وهي المعاجم التي تضم ألفاظاً من مختلف مجالات الحياة والمعرفة الإنسانية، ومن أمثلتها: لسان العرب لابن منظور والقاموس المحيط

للفيروز أبادي ومعجم الصحاح، والوسيط والمنجد .... وغيرها كثير، وقد يكون المعجم أحادي اللغة، وقد يكون ثنائي اللغة أو ثلاثياً .. كأن يكون بالعربية وحدها، أو بالإنجليزية والعربية، فإذا انضمت لغة ثالثة فهو ثلاثي اللغة.

ب. **معاجم متخصصة:** وهي المعاجم التي تضم المصطلحات في علم من العلوم أو قطاع من قطاعات المعرفة الإنسانية. ولا يكاد علم من العلوم يخلو في زماننا من معجم يضم مصطلحاته.

وبعض هذه المعاجم يكتفي بإيراد المصطلح وما يقابله في لغة أخرى وبعضها يُتبع ذلك بشرح موجز يوضح دلالة المصطلح، وهذه الطريقة خير من الأولى. لأن من امتلك معجم مصطلحات في علم من العلوم فقد امتلك خلاصة ذلك العلم، فالعلم بمصطلحاته. ولعل من المفيد أن نذكّر بأن معنى مصطلح هو: الدلالة الخاصة للفظة في علم من العلوم أو مجال من مجالات المعرفة.

ومن المعاجم المتخصصة: قاموس حتي الطبي. «مجموعة المصطلحات العلمية والفنية» أصدره مجمع اللغة العربية بالقاهرة، معجم المصطلحات العلمية والفنية والهندسية للدكتور أحمد شفيق الخطيب وغيرها كثير.

٢. معاجم أو كتب المعاني:

وأنا أميل إلى استخدام كتب المعاني بدلاً من المعاجم، لأن المعجم هو الكتاب المرتب هجائيًّا، وكتب المعاني مرتبة ترتيباً موضوعياً.

وإذا كنا نرجع إلى معاجم الألفاظ لنجد دلالة لفظة غريبة لا نعرف معناها، فإننا نرجع إلى كتب المعاني للبحث عن لفظة تدل على معنى أو شيء لا نعرف ما يدل عليه من الألفاظ. كأن نبحث عن الأسماء الدالة على الرياح من سرعتها أو اتجاه هبوبها. أو نبحث عن الألفاظ الدالة على مراحل عمر الإنسان، أو الألوان في درجاتها المختلفة أو ما توصف به .. إلى غير ذلك. ومن أبرز هذه الكتب كتابان هما: فقه اللغة وسرّ العربية والمخصص لابن

سيده الاندلسي.

وقد ظهر في العصر الحديث نوع من المعاجم هو في حقيقته من معاجم المعاني، وهو المعجم المصور، الذي لا يشرح شيئاً بل يقدم الأشياء المحسوسة في لوحات وصور، ويضع لكل جزء منها اللفظ الدال عليه. ومن هذه المعاجم معجم أكسفورد المصوّر.

٣. المعاجم الكاشفة:

وهي نوع من أنواع المعاجم لا يعطينا المعلومات بل يدلنا على أماكن وجودها وهو أشبه بفهرس لفظي أو موضوعي لكتاب أو أكثر.

ومن أمثلة المعاجم الكاشفة: المعجم المفهرس لألفاظ القرآن الكريم لمحمد فؤاد عبدالباقي، ونرجع إلى هذا المعجم لعدة غايات أهمها معرفة أماكن ورود الآيات في السور القرآنية، وذلك لإكمال الآية إن غابت عن ذهننا، وبيان رقمها والسورة التي وردت فيها: هذا هو الوجه الأبرز لهذا المعجم، وإن كنا بالإضافة إلى ذلك نجد أموراً أخرى مثل عدد مرات ورود الكلمة في القرآن الكريم، وهل الآية مكية أو مدنية، وقد اقتصر هذا المعجم على جعل الأسماء والأفعال مداخل إلى محتواه، فيمكن أن نتخذ من أي اسم أو فعل ورد فيما نحفظ من الآية وسيلة إلى معرفة ما نريد عنها بالرجوع إلى بابها بعد تجريد الكلمة من حروف الزيادة. وهذا يعني أن الأدوات والحروف والضمائر غير مفهرسة في هذا المعجم، وقد صنع الباحثان الدكتور إسماعيل العمايرة ود.عبدالحميد السيّد معجماً للأدوات والضمائر في القرآن جعلاه تتمة لمعجم محمد فؤاد عبدالباقي.

ومن المعاجم الكاشفة كذلك: المعجم المفهرس لألفاظ الحديث النبوي الشريف. الذي أعده جماعة من المستشرقين بإشراف فنسنك، ويتم بهذا المعجم معرفة الكتب التي ورد فيها أي حديث نبحث عنه، من خلال البحث عن جذر أي اسم أو فعل ورد في الحديث النبوي. والكتب التي يردّ إليها هذا

١٦٥

المعجم هي الكتب الستة: البخاري ومسلم وأبو داود والترمذي والنسائي وابن ماجه، وموطأ مالك، ومسند الإمام أحمد بن حنبل، ومسند الدارمي. ولا يخفى ما لمثل هذا المعجم من الفضل في اختصار الوقت والجهد في الوصول إلى الحديث النبوي ومعرفة أماكن وروده.

٤. معاجم العلوم:

وهي كتب في مختلف مجالات العلم، إلا أنها رتبت ترتيباً هجائيّاً، وهذا الترتيب الذي أدخلها في مسمّى المعاجم. فالفارق بين كتاب في النحو ومعجم نحوي هو الترتيب الهجائي. وميزة هذا الترتيب هو تيسير الوصول إلى المعلومة المطلوبة.

وقد تنبه المؤلفون من قديم إلى هذا الأمر فألفوا المعاجم في مختلف المجالات، ومنها: معجم الشعراء للمرزباني، ومعجم الأدباء لياقوت الحموي، ومعجم البلدان للحموي كذلك، ومعجم ما استعجم للبكري، والقائمة طويلة تشمل معظم مجالات المعرفة الإنسانية. وفي عصرنا هذا التفت المؤلفون إلى هذا الميدان من التأليف، ومن ذلك معجم النحو لعبدالغني الدقر، ومعجم البلاغة للدكتور بدوي طبانة، ومن معاجم التراجم وسير الأعلام لخير الدين الزركلي، ومعجم المؤلفين لعمر رضا كحالة، وأعلام النساء له.

ومن المراجع: الأدلة والإحصائيات والحوليات والكتب السنوية والتقاويم والبيبليوغرافيات الجارية.

وإليك بياناً موجزاً عن كل منها:

وقبل البيان نشير إلى أن هذا النوع من المراجع لا يصدر إلا مرة واحدة، ولا تعاد طباعته، ولذلك يُعدّ بعد حين من طباعته من المصادر النادرة.

الأدلة[1]: جمع دليل وهو كتاب إرشادي في مجال من مجالات الحياة. وأنواعه

---

(1) انظر: مصادر المعلومات، د.أنور عمر، ص٤٨.

متعددة، ومنها:

أ. **أدلة الخدمة العامة:** سواء أكانت سياحية تعطي معلومات عن المواقع السياحية في دولة ما، أو عن موقع سياحي معين، أو أدلة مؤسسات: صناعية أو تجارية أو تعليمية، أو أدلة الهواتف والفاكس أو غير ذلك من مجالات الحياة. ولا يخفى أن الحاجة إلى الأدلة ظهرت بعد امتداد المدن وكثرة المؤسسات كثرة تجعل من العسير على الفرد إلى الاهتداء إلى ما يريد من غير دليل.

ب. **الأدلة الثقافية:** وهي نوع من الأدلة يخدم الباحثين وطلبة العلم، وقد ظهر في زماننا ما يسمى بدليل الباحث، وهو لون من التأليف يقدم مصادر المعلومات للباحثين في موضوع أو مجال من مجالات المعرفة. وتظهر هذه الأدلة في كتب مستقلة، كما نجد لها وجوداً في بعض المجلات المتخصصة أو الثقافية. ومن أمثلتها: دليل مكتبة الأسرة المسلمة أصدره المعهد العالمي للفكر الإسلامي في واشنطن، ودليل مكتبة الأدب الإسلامي للدكتور عبدالباسط بدر، وهو من إصدار رابطة الأدب الإسلامي العالمية، وغير ذلك كثير.

الإحصائيات[(١)]: وهي نوع من المصادر اعتادت المؤسسات والهيئات إصدارها في نهاية كل سنة، وبعضها دون السنة، وهي مفيدة للباحثين في رصد بعض الظواهر الاجتماعية أو الاقتصادية، وتفيد في التخطيط للمستقبل. ومن ذلك مثلاً: إحصائيات المواليد أو الوفيات، أو حوادث السير، أو جداول غلاء المعيشة، ومن المهم الاحتفاظ بهذه الإحصائيات لأن مقارنتها بين حين وآخر تعطي مؤشراً مهماً في الظاهرة المدروسة.

الحوليات[(٢)]: وهي نشرة سنوية، وقد اكتسب هذا المصطلح في العربية مفهوم

---

(١) انظر: المصدر السابقن ص٥٠.

(٢) انظر: مصادر المعلومات، د.أنور عمر، ص٥١.

المجلة التي تصدر عن كلية أو جامعة او مؤسسة ثقافية بهذا الاسم.

والهدف من إصدارها هو نشر بحوث ودراسات في موضوع أو أكثر، وتتيح الحوليات لأساتذة الجامعات مجالاً لنشر بحوثهم التي ينالون بها الألقاب في السلم الأكاديمي. ومضمونها إذاً هو موضوعات فكرية وأدبية مختلفة.

الكتب السنوية:

إن من المعتاد أن تصدر المؤسسات والهيئات والوزارات في نهاية كل عام كتاباً ترصد فيه مسيرتها في العام الماضي، وتضع خططها للعام المقبل. فالكتاب السنوي هو كتاب وثائقي، وهو مصدر مهم في التاريخ للجهة التي تصدره. فمن النظر في الكتب السنوية المتتالية نستطيع أن نرسم خطاً بيانيًا للمؤسسة التي أصدرته، ونعرف من شغل المواقع القيادية فيها، وهكذا. ومن أمثلة الكتب السنوية الكتاب السنوي للجامعة، أو المدرسة، أو غير ذلك من المؤسسات.

التقويم:

وهذا النوع من المصادر نادر في العربية فيما أعلم على أهميته. والمقصود به هو كتاب يصدر في نهاية كل سنة ترصد فيه الأحداث في ميدان أو أكثر على مستوى وطني أو إقليمي أو دولي.

وهذا النوع من المصادر يرصد أحداث العام يوماً إثر يوم، ويعزز المعلومات التي يوردها بالصور. فإذا افترضنا أننا نتحدث عن تقويم أردني فقد يكون هذا التقوم عاماً يشمل جوانب السياسة والاقتصاد والاجتماع والأدب والرياضة. فهذا تقويم جزئي عام، فهو عام في مضمون جزئي في المدى المكاني الذي يشمله. ويمكن إعداد تقويم جزئي أردني رياضي، أو ثقافي، أو سياسي، وهكذا. كما يمكن أن نعدّ تقويماً عربياً عاماً، أو خاصاً، وكذلك تقويماً عالمياً عاماً أو خاصاً. والتقويم بهذا المفهوم مصدر ثقافي مهم، ولعل مثل هذا المصدر يكون مرجعاً مهماً لبرنامج «حدث في مثل هذا اليوم» !

البيبليوغرافيات الجارية:

وهي مصادر المعلومات التي تعطينا معلومات عن المصادر. أو هي « قوائم بمفردات الإنتاج العقلي أياً كان الشكل الذي اتخذته عند إصدارها: بيبليوغرافيا كتب، بيبليوغرافيا دوريات، أو خرائط، أو مقالات، أو نصوص موسيقية، أو أفلام أو لوحات ورسوم، أو وثائق ... إلخ»(١).

ومن البيبليوغرافيات المهمة ما تصدره المكتبات الوطنية عن الإنتاج الفكري الوطني في كل دولة، ولهذا اللون من البيبليوغرافيا فائدة مهمة في رصد الحركة الفكرية في بلد ما، وفي تقديم مصادر المعلومات ميسرة للباحثين.

ومن أنواع البيبليوغرافيات المهمة: كشافات الدوريات من مجلات وجرائد، ومنها ما يقوم بتحليل محتوى الدورية وفق رؤوس الموضوعات الواردة فيها ويحدد للباحث العدد والصفحة التي ورد فيها ما يبحث عنه، ولهذا النوع من البيبليوغرافيا فوائد مهمة في اختصار الوقت والجهد في مراجعة الدوريات، وبخاصة ذات المجلدات الضخمة، والأعداد الكثيرة.

الدوريات(٢):

وهي من المصادر التي يأخذ بعضها شكل الكتاب، ويأخذ بعضها شكل الجريدة.

وهي نوع خاص من المراجع ولذلك نجد المكتبة تفردها في قسم خاص من أقسام المراجع. ولا يخفى ما للدوريات من طبيعة خاصة، فهي من المصادر النامية، فللجريدة اليومية عدد يومي إضافي، وأسبوعي للأسبوعية وشهري للشهرية .. وهكذا.

وللدوريات شكلان أساسيان: الجريدة وتكون يومية أو أسبوعية، والمجلة وأقل دورة صدور لها أسبوع.

---

(١) مصادر المعلومات في المكتبات، د.أنور عمر، ص٥٤، وانظر تفصيل الحديث في ذلك ص٧٢ حيث عقد المؤلف فصلاً خاصاً عن البيبليوغرافيا.

(٢) انظر: المرجع في علم المكتبات والمعلومات ص٨٦.

وتتنوع الدوريات وفق دورة صدورها، ووفق مضمونها، فمنها ما هو عام، ومنها ما هو متخصص، وفق الغاية من إصدارها، فمنها تجاري ومنها غير ربحي، ولعل مما يدل على أهمية الدوريات حرص المكتبات على اقتنائها، ودفع مبالغ كبيرة في الاشتراك فيها. وإن مما يجعل للدوريات أهمية خاصة ما يلي:

١- حداثة المعلومات الواردة فيها إذا قيست بما نجده في الكتب. فدورة صدور الدوريات السريعة وتتابع صدورها، يجعل من يتابعها على بينة من كل جديد في موضوع الدورية. ولا يخفى أن بعض التخصصات كالعلوم الطبية والحاسوب وغيرها من العلوم المتطورة لا يستغني المتخصصون فيها عن متابعة دورية أو أكثر.

٢- تنوع موضوعاتها، وهذا يتعلق بالدوريات ذات الموضوعات المتعددة، كالمجلات الأسبوعية الاجتماعية والثقافية والسياسية وكذلك المجلات الثقافية العامة.

٣- عمق موضوعاتها، وهذا يتعلق بالدوريات المتخصصة، وبخاصة الدوريات العلمية المحكمة التي تصدرها الجامعات والمؤسسات العلمية، حيث لا ينشر فيها أي موضوع قبل أن يراجعه عدد من الأساتذة المتخصصين.

٤- خدمة المعلومات التي نجدها في بعض الدوريات، مثل الخدمة الببليوغرافية وتقديم معلومات عن الجديد من مصادر المعلومات، وإيراد كشافات وأدلة للباحثين، وملخصات للرسائل الجامعية أو البحوث الجديدة في موضوعات محددة.

المصادر غير الكتبية[١]:

لا تقتصر المصادر في المكتبة على الكتب والدوريات، فقد أدى تطور وسائل التصوير والتقدم السريع في مجال الحاسوب إلى دخول المصادر السمعية والبصرية إلى المكتبة.

---

(١) انظر: مصادر المعلومات، ص٢١٢ والمرجع في علم المكتبات والمعلومات ص ١٠٤.

بعض هذه المصادر يتم استقاء المعلومات منه بالبصر، ومن ذلك الخرائط والصور واللوحات الإيضاحية والميكروفيلم والشرائح الفيلمية (السلايدات) وبرامج الحاسوب غير الناطقة.

ومن فوائد هذا النوع من المصادر أنه وسيلة تعليمية جيدة، ويمكن أن تكون وسيلة إيضاح في المكتبات المدرسية.

كما أن الميكروفيلم والشرائح الفيلمية والحاسوب تمكّن من اختصار المكان الذي تشغله مصادر المعلومات في المكتبة. كما أنها تعين على تقديم مصادر المعلومات النادرة من مخطوطات ووثائق، إلى الجمهور ليستفيدوا من صورها من غير إتلاف للأصول. وكذلك الحال مع الدوريات التي صورتها كثير من المكتبات على ميكروفيلم، فاختصرت المساحة، وحافظت على الأصل ويسرت الوصول إلى المطلوب منها.

ومن المصادر المكتبية ما يتم أخذ المعلومات منه بحاسّة السمع، وهذه المصادر إما أن تكون على شكل أشرطة كاسيت، أو أسطوانات. وهي من الوسائل التعليمية الجيدة، حيث يتم بها تعلّم الأصوات، والتجويد، والنطق السليم للّغات، وهي وسيلة مهمة في مكتبات المكفوفين.

ومن مصادر المعلومات غير المكتبية ما يقدم معلوماته غبر حاستي السمع والبصر، ومن هذه المصادر، الأفلام الناطقة، وأشرطة الفيديو، وبرامج الحاسوب الناطقة. وهي تجمع بين فوائد النوعين السابقين. ولا يخفى ما للحاسوب من مجالات واسعة في خدمة المكتبة وروادها، فالمكتبة المحوسبة التي تدخل في الحاسوب مصادر معلوماتها وفهارسها يصبح التعامل معها، والوصول إلى المراد من مصادرها في غاية اليسر. هذا فضلاً عن شبكات المعلومات التي فتحت للباحثين وطلاب المعرفة آفاقاً لا حدود لها.

المصادر والمراجع

١- أساسيات علم المكتبات والتوثيق والمعلومات، د.عمر همشري، د.ربحي عليان، عمّان، ١٩٩٠م.

٢- البحث الأدبي، د.شوقي ضيف، دار المعارف، القاهرة.

٣- تحقيق النصوص ونشرها، عبدالسلام هارون.

٤- قواعد تحقيق المخطوطات، د.صلاح الدين المنجد.

٥- المرجع في علم المكتبات والمعلومات. د.عمر همشري، د.ربحي عليان، دار الشروق، عمّان ١٩٩٧م.

٦- مصادر المعلومات في المكتبة. د.أنور عمر، دار المريخ، الرياض، ١٤٠٠هـ/ ١٩٨٠م.

٧- المعجم الوسيط، مجمع اللغة العربية، القاهرة.

٨- منهج البحث وتحقيق النصوص، د.يحيى الجبوري، دار الغرب الإسلامي، بيروت.

الفصل الثالث

الفهرسة

د.إبراهيم صبيح

الفهرسة

مفهوم الفهرسة:

الفهرسة هي الإعداد الفني لأوعية المعلومات –«وأوعية المعلومات هي الكتب والدوريات والتقارير والنشرات وبراءات الاختراع والمواصفات القياسية والرسائل الجامعية والمخطوطات والمواد السمعية والبصرية»– بهدف أن تكون هذه الأوعية في متناول المستفيد بأيسر الطرق، وفي أقل وقت ممكن.

والفهرسة أيضاً هي عملية تحديد المسؤولية عن وجود مادة مكتبية معينة، أو مصدر معلومات، وبيان الملامح المادية والفكرية، وإعداد السجلات الخاصة بذلك، وترتيبها وفق نظام معين، حتى يسهل على القارىء أو الباحث الوصول إلى المعلومات التي يريد، بسهولة ويسر.

أنواع الفهرسة:

الفهرسة نوعان:

أ. الفهرسة الوصفية: Discreptive Cataloging

وهي التي تختص بوصف الكيان المادي، أو الملامح المادية لوعاء المعلومات، بواسطة مجموعة من البيانات، مثل اسم المؤلف، عنوان وعاء المعلومات، طبعتها، مكان نشرها، اسم ناشرها، تاريخ النشر، وتعداد المادة. وغير ذلك من الصفات، التي تجعل من السهل التعرف على أوعية المعلومات، وتحديد ذاتيتها، وتمييزها عن غيرها، أو تمييز طبعة معينة منها عن غيرها من الطبعات.

ب. الفهرسة الموضوعية: Subject Cataloging

وهي التي تختص بوصف المحتوى الموضوعي لوعاء المعلومات، بواسطة رؤوس الموضوعات، أو أرقام التصنيف، بحيث يمكن تجميع أوعية المعلومات عن نفس الموضوع في مكان واحد.

أهمية الفهرسة:

للفهرسة مكانة هامة وبارزة في علوم المكتبات والتوثيق والمعلومات، ذلك لأن هدفها النهائي السيطرة على المعرفة الإنسانية وتقديمها موصوفة ومنظمة للدارسين والباحثين، للاستفادة منها في مختلف المجالات العلمية.

وكذلك تحتل الفهرسة ركناً هاماً من أركان المكتبة بشكل عام، والأعمال الفنية فيها بشكل خاص. ولا يمكن لأية مكتبة أو مركز معلومات مهما كان حجمها، الاستغناء عن الفهرسة، وبخاصة في هذا العصر الذي يوصف بأنه عصر انفجار المعلومات، أو ثورة المعلومات، ذلك لأن الاهتمام الواضح بالبحوث والدراسات في مختلف المجالات، أدّى إلى حدوث فيضان هائل في الكم والنوع لمصادر المعلومات، ونتيجة لذلك نمت وتطورت المكتبات ومراكز التوثيق والمعلومات بشكل واضح، وأصبح من الصعب جداً الاعتماد على الجهود اليدوية في السيطرة على هذا الكم الهائل من المجموعات.

وكذلك فإن أوعية المعلومات، أخذت في الفترة الأخيرة أشكالاً مختلفة، وخرجت عن أشكالها التقليدية المتمثلة في الكتب والكتيبات والنشرات والصحف والتقارير، إلى أشكال أخرى غير تقليدية تتمثل في المواد السمعية والبصرية بمختلف أشكالها، وفي المصغرات الفلمية، ومستخرجات الحاسوب.

من ذلك نرى أن الفهرسة عملية فنية أساسية وهامة، وبدونها تصبح المكتبات ومراكز المعلومات، مجرد مخازن ليس إلا، وبالتالي تفشل في تأدية وظائفها وخدماتها الأساسية.

ويمكن القول إن نجاح المكتبات ومراكز المعلومات في تحقيق أهدافها يتوقف بدرجة كبيرة على مدى نجاح عملية الفهرسة، وعملية إعداد الفهارس بطرق عملية.

مفهوم الفهرس: Catalog

الفهرس هو نتاج عملية الفهرسة، وكلمة «فهرس» ليست عربية، بل هي

معربة من كلمة «فهرست» الفارسية، وتعني قائمة الكتب، أو قائمة موضوع كتاب. وقد استخدم «ابن النديم» هذا اللفظ، عندما أطلقه على كتابه «الفهرست» عام ٣٧٧ للهجرة ٩٨٧ للميلاد.

ويعرف «الفهرس» بأنه قائمة بالكتب وغيرها من أوعية المعلومات، مرتبة وفق نظام معين. أو قائمة تسجل وتصف وتكشف مقتنيات مكتبة معينة، أو مجموعة من المكتبات.

الفهرس هو مفتاح المكتبة أو مركز المعلومات، فإذا كانت وظيفة المكتبة هي إمداد القراء والباحثين بالمعلومات التي يحتاجونها، فإن الفهرس هو تلك الأداة التي تربط بين احتياجات القراء والباحثين ومصادر المكتبة.

***

وظيفة الفهرس:

يمكن تقسيم وظيفة الفهرس إلى فئتين:

أ- الفهرس كقائمة حصر أو تسجيل:

كان الكثير من الفهارس المبكرة مجرد سجلات للمجموعات التي تمثلها. ومن الواضح أن هذه الوظيفة التي تقوم بها تلك الفهارس، أصبحت الآن من اختصاص سجل القيد (الورود)، أو قائمة الرفوف.

ب- الفهرس كأداة للاسترجاع:

ولأن القارىء أو الباحث أصبح أكثر أهمية من الكتب، فقد تغيّرت أهداف الفهرس من خدمة الحصر أو التسجيل إلى خدمة الاسترجاع، أو تحديد مكان مواد معينة أو مجموعات من المواد.

وبذلك تحول الفهرس من أداة للمكتبي إلى أداة للجمهور، وأصبحت هذه الوظيفة أهم وظائف الفهرس ما نعرفها الآن.

وبذلك فإن وظيفة الفهرس هي إمداد المستفيدين من القراء والباحثين

بإجابات الأسئلة الآتية[1]:

أ- هل يوجد بالمكتبة كتاب بقلم كذا وكذا من المؤلفين؟

- ما الكتب التي توجد بالمكتبة لهذا المؤلف.

ب- هل يوجد بالمكتبة كتاب لهذا المحرر أو المترجم أو المحقق؟

- ما الكتب التي توجد بالمكتبة لهذا المحرر أو المترجم أو المحقق؟

جـ- هل يوجد بالمكتبة كتاب بهذا العنوان؟

د- هل يوجد بالمكتبة كتاب كذا وكذا من السلاسل؟

وما الكتب التي توجد بالمكتبة من تلك السلسلة؟

هـ- هل يوجد بالمكتبة كتاب عن كذا وكذا من الموضوعات؟

وما الكتب التي توجد بالمكتبة عن هذا الموضوع، وعن الموضوعات ذات الصلة به؟

***

أغراض الفهرس:

تتلخص أغراض الفهرس في ما أورده «Cutter»[2] في قواعد الفهرس القاموسي التي يمكن إبرازها على النحو التالي:

أولاً: تمكين الباحث من العثور على وعاء المعلومات الذي يعرف منه المؤلف، أو العنوان، أو الموضوع.

ثانياً: إظهار على ما تقتنيه المكتبة لمؤلفٍ معين من خلال فهرس المؤلفين «Auther Catalog».

---

(1) محمد فتحي عبدالهادي. المدخل إلى علم الفهرسة ص١٤.

(2) Cutter, C.A Rules of dictionary Catalog P. ١٢.

وإظهار كل ما تقتنيه المكتبة في موضوع معين من خلال فهرس الموضوعات «Subject Catalog» أو الفهرس المصنف «Classified Catalog».

ثالثاً: مساعدة الباحث في اختيار وعاء المعلومات حسب طبيعته أو وفق خصائصه الموضوعية والأدبية، وذلك من خلال البيانات التي تتضمنها بطاقة الفهرسة.

وبشكل عام يمكن حصر وظائف الفهرس في النقاط التالية[1]:

١- إرشاد الباحث أو القارىء إلى أوعية المعلومات الموجودة في المكتبة لمؤلف معين.

٢- إرشاد الباحث أو القارىء إلى وعاء معلومات لا يعرف سوى عنوانه.

٣- إرشاد الباحث أو القارىء إلى ما تحويه المكتبة في موضوع معين.

٤- يعمل الفهرس كأداة ببيليوغرافية للحصول على بيان أو معلومة معينة عن أي من أوعية المعلومات المتوافرة، مثل مكان النشر أو الناشر، أو تاريخ النشر أو عدد الصفحات ... إلخ.

٥- إعطاء الباحث أو القارىء صورة مصغرة ومسبقة عن أوعية المعلومات المتوافرة قبل استخدامها.

٦- لا تقتصر فائدة الفهرس على مجتمع المستفيدين فحسب، وإنما يستفيد منه أيضاً العاملون في المكتبة وبخاصة في أقسام التزويد والإعارة والمراجع.

أنواع الفهارس: «Types of Catalog»

تتكون البطاقة أو التسجيلة الواحدة في الفهرس من جزأين أساسيين:

أ- الرأس أو المدخل. ب- الوصف.

وينبغي أن يرتب الفهرس وفق خطة معينة، وهناك ثلاثة أنظمة رئيسية للفهارس التي تستخدم في المكتبات ومراكز المعلومات وهذه الأنظمة هي[2]:

---

(١) أساسيات الفهرسة/ربحي مصطفى عليان ص: ١٣.

(٢) المدخل إلى علم الفهرسة/د. محمد فتحي عبدالهادي ص: ١٩.

(١)   نظام الفهرس المجزأ.

(٢)   نظام الفهرس القاموسي.

(٣)   نظام الفهرس المصنف.

ويعتبر كل نظام من هـذه الأنظمـة، متكاملاً في حـدّ ذاتـه، أي أنـه يشـتمل عـلى مداخل للمؤلفين والعناوين والموضوعات، لأوعية المعلومات التي توجد بالمكتبة أو بمركز المعلومات. والاختلاف بين نظام وآخر، هو اختلاف في ترتيب المداخل وتصنيفها.

الفهـرس المجـزأ يتكـون مـن فهـارس مستقلة لكـل مـن المـؤلفين والعنـاوين والموضوعات، أو المؤلفين والعناوين معاً في فهرس واحد، والموضوعات في فهرس آخر.

أما الفهرس القاموسي، فإنه يشتمل على المـداخل في ترتيـب هجائي واحد. سوف نتناول هذه الأنظمة ومكوناتها:

الفهرس المجزّأ:

١- فهرس المؤلف: Author Catalog

هو الفهرس الذي ترتب فيه المداخل ترتيباً هجائيًا وفقاً لأسمـاء المـؤلفين إمـا باسـم العائلة أو بالاسم الأكثر شهرة، ولا يشتمل هذا الفهرس على مداخل المؤلفين فحسـب، وإنمـا يشتمل أيضاً على مداخل المترجمين والمحررين والمحققين والرسامين.

وفهرس المؤلف من أهم الفهارس في المكتبات، لأن اسم المؤلف هـو أكثر المظاهر تحققاً، وأسهلها بالنسبة لوعاء المعلومات، كما أن فهرس المؤلف قـادر على تجميع كـل إنتاج المؤلف الواحد في مكان واحد تحت اسمه.

وهذا الفهرس هو أكثر الفهارس استعمالاً من جانب رواد المكتبة بـل ومـن جانـب العاملين بها، لأغراض المراجعة والتحقيق والإرشاد.

٢- فهرس العنوان: Title Catalog

وهو الفهرس الذي ترتب فيه البطاقات، أو المـدخل ترتيباً هجائيًا وفقاً لعنـاوين الكتب، ويتمتع هذا الفهرس بأهمية خاصة في المكتبات العربية بأهمية كبيرة، عندما

كان العنوان قصيراً ومجموعاً، تبذل عناية كبيرة في صياغته ليسهل تذكره. ولكن الآن لا تساوي قيمة فهرس العنوان القيمة التي يتمتع بها فهرس المؤلف، إلا أنه يفيد في الوصول إلى كتاب معين يعرف الباحث عنوانه.

٣- الفهرس الموضوعي الهجائي: Alphabetical Subject Catalog

وهو الفهرس الذي ترتب فيه البطاقات أو المداخل، ترتيباً هجائيًّا وفقاً لرؤوس الموضوعات التي تندرج تحتها الكتب.

ورؤوس الموضوعات في هذا الفهرس رؤوسٌ مخصصة Specific. أي أنه يعد لكل كتاب رأس موضوع يناسب سعة الموضوع بالكتاب، فمثلاً الكتاب الذي يعالج الطبيعة، يكون رأس موضوعه «الطبيعة»، والكتاب الذي يعالج الصوت، يكون رأس موضوعه «الصوت»، وهكذا. . وترتب هذه الرؤوس حسب أماكنها في الترتيب الهجائي، مع تزويدها بالإحالات اللازمة.

ويتميز هذا النوع من الفهارس، بأنه سريع في تلبية احتياجات الباحث، حيث يمكنه أن يجد ما يريده تحت رأس الموضوع المباشر، كما أنه بسيط، ويسهل على أي قارىء أو باحث استخدامه.

ولهذا الفهرس بعض العيوب[1] منها أنه يفتقد المنطقية أو المنهجية في الترتيب، التي يتمتع بها الفهرس المصنف، وإعداده يتطلب عملاً إضافياً لا يتطلبه الفهرس المصنف الذي سيأتي ذكره.

الفهرس المصنف: Classified Catalog

وهو الفهرس الذي ترتب فيه البطاقات أو المداخل ترتيباً منطقياً أو منهجياً وفقاً لنظام التصنيف الذي تعتمده المكتبة في ترتيب مجموعاتها، على أن تعد له كشافات هجائية، ولهذا فإنه يتكون في العادة من أرقام ثلاثة:

أ- القسم المصنف. ب- كشاف هجائي برؤوس الموضوعات.

جـ- كشاف هجائي بالمؤلفين أو العناوين.

(١) المدخل إلى علم الفهرسة / د.محمد فتحي عبدالهادي ص٢٢.

ويعتبر القسم المصنف هو القسم الرئيسي، والقسم الثاني كشّاف له ، أما القسم الثالث فقد يكون قسماً إضافياً، الهدف منه هدف فهرس المؤلف السابق ذكره. وهذا الفهرس شائع الاستعمال في الدول الأوروبية.

ويتميز هذا الفهرس بأنه:-

١- يعكس النظام المنهجي الخاص بخطه التصنيف المستعملة في ترتيب المكتبة.

٢- يكشف عن مدى قوة أو ضعف التغطية الموضوعية في مقتنيات المكتبة.

٣- يساعد على تجميع كل المواد عن رأس موضوع معـين، ويعـرض العلاقات بـين الموضوعات بطريقة أكثر نفعاً للقارىء والباحث.

***

الفهرس القاموسي: Dictionary Catalog

هو الفهرس الذي يجمع في ترتيب هجائي واحد بـين مـداخل المـؤلفين والعنـاوين والموضوعات، وهو سهل الاستعمال، فهو يجمع في مكان واحد كل المـداخل التـي يمكن أن يحتاجها القارىء أو الباحث.

ويعد الفهرس القاموسي أكثر الأنواع شيوعاً في المكتبات الأمريكية.

***

الفهرس الهجائي المصنف: Alphabetico – Classed Catalog

وهو نوع مختلط من النوعين السابقين – الفهرس المصـنف والفهرس الموضوعي الهجائي، وكان الهدف من اتباعه هو محاولة الجمع بين مزايا كل من النظامين: المصـنف والموضوعي الهجائي. وذلك باختيار عدد من الأقسام الرئيسية، ترتب هجائياً، ثُم ترتب تفريعاتها ترتيباً هجائياً أيضاً.

ولكن استعماله متعب ومعقد، وهـو لـم يعـد يسـتعمل الآن في المكتبـات الحديثة المنظمة تنظيماً فنياً متقدماً.

***

أشكال الفهارس

يمكن تقسيم الفهارس حسب شكلها المادي إلى خمسة أقسام رئيسية وهي:-

١- فهرس الكتاب أو الفهرس المطبوع Book Catalog
٢- الفهرس البطاقي Card Catalog
٣- الفهرس المحزوم Sheaf Catalog
٤- الفهرس المرئي أو المنظور Visible Catalog
٥- الفهرس الآلي Automated Catalog

***

١- الفهرس الكتاب أو الفهرس المطبوع Book Catalog

يعتبر هذا الفهرس من أقدم أشكال الفهارس التي استخدمتها المكتبات ومراكز المعلومات، وكان شائعاً في الفترة التي كانت مجموعات المكتبات قليلة في عددها. ومن أمثلة هذا الشكل: الفهرس الذي مصدره مكتبة الكنغرس بعنوان National Union Catalog، والفهارس التي أصدرتها دار الكتب المصرية، وفهارس دار الكتب القطرية، وفهارس مكتبة الأزهر.

وقد فقد هذا الشكل من الفهارس أهميته، ولم يعد يستخدم في المكتبات. لأنه سريع التلف، ويحتاج إلى تحديث مستمر.

***

٢- الفهرس البطاقي Card Catalog

يتكون الفهرس البطاقي من بطاقات ذات قياس عالمي موحد هو ٧،٥ × ١٢،٥ سم، مصنوعة من ورق سميك نوعاً ما (١٨٠ - ٢٤٠ غم)، وتكون البطاقة مثقوبة على ارتفاع نصف سم من منتصف الحافة السفلى، وتحفظ البطاقات في أدراج خاصة لهذا الغرض، وتكون مثبتة تواسطة قضيب معدني يمر في

ثقوب البطاقات.

يمتاز هذا الفهرس بسهولة استعماله، ومرونته من حيث سهولة إدخال البطاقات وإخراجها، وسهولة تزويده بالوسائل الإرشادية، وإمكانية التغيير والتعديل في البيانات البيبليوغرافية، وإمكانية إضافة مداخل جديدة، لأوعية المعلومات الواردة إلى المكتبة أو مركز المعلومات، وهو لا يتلف بسرعة، خاصة إذا غلفت البطاقات بطبقة بلاستيكية، تحفظها من التلف.

ولكن بالرغم من هذه المميزات الإيجابية، فهناك سلبيات لهذا الفهرس إذ أنه يشغل حيزاً كبيراً في المكتبات، خاصة عندما يكون الفهرس مجزءاً إلى فهرس المؤلفين والعناوين والموضوعات، وكذلك يصعب نقله داخل المكتبة، أو إعارته إلى مكتبة أخرى، كما يصعب استنساخه، ويضاف إلى ذلك أن هذا الفهرس لا يسمح لأكثر من قارىء أو باحث واحد باستخدام الدرج الواحد في وقت واحد، وهذا يعني حجز حوالي ١٠٠٠ بطاقة لقارىء واحد فقط. ولكنه لا يزال مستخدماً في المكتبات.

***

٣- الفهرس المحزوم Sheaf Catalog:

الفهرس المحزوم ابتكار إيطالي، بدأ استخدامه في المكتبات في نهاية القرن التاسع عشر، وهو عبارة عن جذاذات ورقية سميكة نوعاً ما، وتحمل كل واحدة منها البيانات البيبليوغرافية الخاصة بأحد أوعية المعلومات المكتبية، وتحزم في مجموعة واحدة بعد ترتيبها، وتضم كل مجموعة أكثر من خمسمائة جذاذة. ويعتبر في شكله وسطاً بين الفهرس الكتاب والفهرس البطاقي.

يمتاز الفهرس المحزوم بأنه صغير الحجم مقارنة بالفهرس البطاقي، حيث يشغل حيّزاً صغيراً، كما أنه قليل التكاليف إذا قورن بالفهرس المطبوع. ويمتاز كذلك بمرونته وسهولة تحديثه، حيث يسمح بإضافة مداخل جديدة، واستبعاد أخرى، ويمتاز بسهولة حمله وسهولة إنتاج نسخ إضافية منه.

ومن عيوبه سرعة تلفه، وتضخم عدد أجزائه في المكتبات الكبيرة، وصعوبة تزويده بالوسائل الإرشادية، ونتيجة لهذه العيوب، فقد بدأ الفهرس المحزوم يختفي من المكتبات، وقد كانت مكتبة جامعة القاهرة تستخدمه حتى عام ١٩٧٤م، عندما تحولت إلى الفهارس الحديثة.

***

٤- الفهرس المرئي أو المنظور Visible Catalog:

وهو عبارة عن صحائف معدنية، تضم إلى جانب بعضها البعض في ترتيب أفقي، وتثبّت في صحيفة بطاقة مستطيلة الشكل، تحمل البيانات البيبليوغرافية لأحد أوعية أو مصادر المعلومات، وتُحفظ في أدراج خاصة، يتسع الواحد منها لخمسين بطاقة.

ويقتصر استخدام هذا الفهرس حالياً في أقسام الدوريات، حيث يسمح حجم البطاقة (١٣×٢٠ سم) بتدوين البيانات اللازمة عن الدورية لمدة كافية من الزمن.

***

٥- الفهرس الآلي Automated Catalog:

هناك نوعان رئيسيان لهذا الشكل من أشكال الفهارس:

الأول: تكون فيه البطاقات مصورة على المصغرات الفلمية كالميكروفيلم أو الميكروفيش.

الثاني: تكون فيه المداخل مخزنة في الحاسوب.

إنّ تطور تكنولوجيا الحاسوب، واستخداماته في المكتبات، أدت إلى نتائج مذهلة، تصل إلى إمكانية إعداد الميكروفيلم أو الميكروفيش لفهرس فيه مليون مدخل خلال ساعة ونصف إلى ثماني ساعات، وهذه السرعة الفائقة هي التي جعلت من هذا الشكل من الفهارس منافساً قوياً للفهرس البطاقي، فقد أصبح بإمكان المكتبة أن تصدر فهرسها من جديد مرة كل ثلاثة أشهر، وتستنسخ منه عدة

نُسخ لتوضع في أماكن مختلفة داخل المكتبة.

ويتزايد عدد المكتبات التي تتحول إلى هذا الشكل من الفهارس بصورة مستمرة، خاصة وأن تكاليف الإنتاج أقل من تكاليف أي شكل آخر.

أما الفهرس المحوسب، فقد ظهر بعد استخدام الحاسوب في أعمال المكتبات بشكل عام، وأعمال الفهرسة بشكل خاص، ولقد أصبح من السهولة بمكان في هذه الأيام، مكننة الفهارس التقليدية في المكتبات ومراكز المعلومات، وبالتالي إغلاق فهرس بالطاقات، واستبداله بنهائيات Terminals، تكشف للباحث عن مقتنيات المكتبة الرئيسة أو عدة مكتبات فرعية.

ومن بين أشكال الفهارس الآلية، يبرز الفهرس المقروء MARC، والذي بدأته مكتبة الكنغرس منذ منتصف الستينات، حيث توزع البيانات الببليوغرافية إلى المكتبات المشتركة على شكل أشرطة ممغنطة.

أما أحدث أشكال الفهارس، فهو الفهرس بالاتصال المباشر بنظم المعلومات Online Cataloging، ويتم في هذا الشكل من الفهرسة، الاتصال المباشر ما بين المكتبات ونظم المعلومات من خلال نهائيات «Terminals» حيث تتيح هذه الشبكات أو النظم الفرصة لكل مكتبة الاتصال المباشر بالقواعد الببليوغرافية التي لديها، والتي تضم عادة ملايين التسجيلات، ويتم ذلك بطبيعة الحال من خلال إستراتيجية معينة للبحث بالاتصال المباشر «Online Searching».

وبشكل عام فإن الفهارس الآلية هي الفهارس العصرية، التي تساعد المكتبة في تجنب المشاكل المرتبطة بالأشكال التقليدية السابقة، ويجب أن لا ننسى الكفاءة والسرعة والدقة التي يتميّز بها الحاسوب في مجال استرجاع المعلومات، حيث له دور في توفير الوقت والجهد على الباحث أو القارىء، إذ يمكنه الحصول على المعلومات بسرعة وشمولية، وبشكل مطبوع أيضاً.

***

مراجع مختارة
في علم المكتبات والمعلومات

١- إتيم، محمود أحمد - الفهرسة العلمية والعملية: الطبعة الثانية - عمّان: مؤسسة عبدالحميد شومان، ١٩٨٨م - ص٤٠٠.

٢- الأشقر، محمد سليمان - الفهرسة الهجائية والترتيب المعجمي - الكويت: دار البحوث، ١٩٧٢ - ص١٢٨.

٣- الأمين، عبدالكريم وآخرون، مبادىء الفهرسة والتصنيف - بغداد: الجامعة المستنصرية، ١٩٧٢م.

٤- البنهاوي، محمد أمين - نماذج بطاقات الفهارس العربية للمكتبات - القاهرة: مطبعة محمد الأمين ١٩٧١م، ص ٠ - ١٠٢.

٥- جورمان، ميشيل - موجز قواعد الفهرسة الأنجلو أمريكية، ط٢/تعريب محمد فتحي عبدالهادي - القاهرة: هجر للطباعة والنشر ١٩٨٧، ص٠ - ١٨٨.

٦- خليفة، شعبان عبدالعزيز - الفهرسة الموضوعية للمكتبات ومراكز المعلومات/محمد فتحي عبدالهادي - القاهرة: العربي للنشر والتوزيع، ١٩٨٠ ص٠ - ١٤١.

٧- خليفة شعبان عبدالعزيز - قائمة رؤوس الموضوعات الكبرى - الرياض: دار المريخ ١٩٨٥م.

٨- السويدان، ناصر محمد - مداخل المؤلفين والأعلام العرب - الرياض: جامعة الرياض، ١٩٨٠م.

٩- السيد، أحمد البدوي - التطورات العصرية لفن الفهرسة - القاهرة: الهيئة المصرية العامة للكتاب، ١٩٨٦م، ص٠ - ١٨٥.

١٠- الشنيطي - محمد، قواعد الفهرسة الوضعية - ط٢ - القاهرة: دار المعرفة.

١١- شيرا، جيمس هوك - الفهرس المصنف، أسسه وتطبيقاته /ترجمة عبدالوهاب

أبوالنور - بيروت: دار الوطن العربي، ١٩٧٥م، ص٠ - ١٩٢.

١٢- صالح، غنية خماس - فهرسة وتصنيف المواد الثقافية في مراكز التوثيق والمعلومات بغداد، مركز التوثيق الإعلامي لدول الخليج العربية ١٩٨٤.

١٣- عبدالشافي، حسن - الإعداد الفني للكتب في المكتبات: الفهرسة والتصنيف - القاهرة: جمعية المكتبات ١٩٧٦م، ص٠ - ٣٦٠.

١٤- عبدالهادي، محمد فتحي - الفهرسة الموضوعية: دراسة في الأسس والتطبيقات - القاهرة : جمعية المكتبات ، ١٩٧٩.

١٥- عبدالهادي، محمد فتحي - المدخل إلى علم الفهرسة - ط٣ - القاهرة: مكتبة غريب، ١٩٧٩، ص٠ - ٤١٦.

١٦- فواناتان، س، الفهرسة: أسسها النظرية /ترجمة حشمت قاسم ومحمد فتحي عبدالهادي - القاهرة: جمعية المكتبات المصرية، د. ن- ص٠ - ٣٧٠.

١٧- فوده، محمد السعيد - أشكال المداخل بالفهارس العربية والأجنبية وقواعد اختيارها - الرياض: مكتبة الشرق الأوسط، ١٩٨٥م، ص٠ - ٤٢٢.

١٨- فوده، محمد السعيد - التطورات الحديثة في الفهرسة الوصفية: التقنين الدولي للوصف البيبليوغرافي - الكويت: دار الكتاب الحديث، ١٩٨٩م ص٠ - ٢٤٨.

١٩- فوده، محمد السعيد - قواعد الفهرسة الوصفية وتطبيقاتها الحديثة - الكويت ، مؤسسة الصباح، ١٩٨٩م، ص٠ -٢٨٨.

٢٠- قواعد الفهرسة الأنجلو أمريكية. ط٢/ تعريب محمد إتيم - عمّان: جمعية المكتبات الأردنية، ١٩٨٣م، ص٠ - ٩٤٦.

٢١- المدخل إلى علم المكتبات والمعلومات / إعداد مجموعة من المكتبيين، تحرير أنور عكروش وصدقي دحبور - عمّان: جمعية المكتبات الأردنية ١٩٨٢م. ص٠ - ٣٠٠.

٢٢- المعالجة الفنية للمعلومات: الفهرسة، التصنيف، التوثيق، التكشيف،

الأرشيف / إعداد مجموعة من المكتبيين – عمان : جمعية المكتبات الأردنية، ١٩٨٥م، ص٠ – ٣٩٧.

٢٣- الهجرسي، سعد محمد – تعريب القواعد الأنجلو أمريكية للفهرسة، ط٢ – القاهرة: جامعة القاهرة، ١٩٨١م.

٢٤- الهجرسي، سعد محمد – التقنيات العصرية للوصف البيبليوغرافي – ط٢ – القاهرة: المنظمة العربية للتربية والثقافة والعلوم – مج ٣.

٢٥- همشري، عمر أحمد عليان، ربحي مصطفى – أساسيات علم المكتبات والتوثيق والمعلومات – عمّان : المؤلفان ١٩٩٠م ، ص٠ – ٣٠٤.

الفصل الرابع

التصنيف

د.إبراهيم صبيح

التصنيف

مقدمة:

يحتل التّصنيف مركزاً مهمّاً بين العمليات الفنية التي تقوم بها المكتبات ومراكز المعلومات في سبيل تنظيم مجموعاتها، وتقديم هذه المجموعات لجماهير القراء والباحثين، بوسائل سهلة ميسرة.

التصنيف العملي ليس علماً له أصوله الراسخة، بل هو فنٌّ يحتاج في حالات عديدة، إلى ممارسة الأحكام الشخصية، ومع ذلك لا يمكن أن يترك أمر تصنيف المطبوعات، وأوعية المعلومات، لرجاحة عقل المصنفين، أو يكتفى بالاعتماد على حسن تصرفهم، بل يجب أن تكون له أصول وقواعد عامة يسترشدون بها في عملهم، ويرجعون إليها كلما أحسّوا بحاجتهم إلى ذلك. فالمصنف ولسنوات في ممارسة عمله، يحتاج بين الوقت والآخر إلى ما ينشط ذاكرته، ويساعده على السير في الطريق الصحيح.

وقد اهتم بالجانب العملي للتصنيف عدد من كبار المشتغلين بهذا العلم، وعلى رأسهم «W.S. Merrill»، و«برويك سايرز» «W. C Berweik Sayers» و «مارجريت هيردمان» «Margaret Herdman».

وتتفق كتابات هؤلاء وغيرهم على مجموعة من الأسس والقواعد العامة التي يتوجب على المصنف الأخذ بها. ونظراً لأهمية هذه الأسس والقواعد العامة، فسنعرضها فيما يلي من الصفحات.

***

القواعد العامة للتصنيف العملي:

١- وضع كل وعاء معلومات حيث يتحقق من وضعه أعظم الفائدة:

المقصود بهذه القاعدة، أن يوضع الكتاب في المكان الذي يتوقع المصنف أن يلجأ إليه أكبر عدد ممكن من القراء والباحثين لاستعماله، وأن يضع المصنف في

اعتباره أيضاً طبيعة رواد المكتبة أو مركز المعلومات، وميولهم، كما يبني قراره على معرفة تامة بأهداف المكتبة، سواء أكانت عامة، أو مدرسية، أو جامعية، أو متخصصة.

فمثلاً كتاب «موجز تاريخ العالم» لن تكون له فائدة أكبر من وضعه تحت موضوع «تاريخ العالم». ولكن المشكلة تظهر عندما تصنف مثلاً، كتاباً عن «نحل العسل». هل وجوده مع بقية الكتب عن «الحشرات» أنفع؟ أم مع الكتب الأخرى عن «تربية النحل»؟. أو كتاب «الدكتاتوريون» قديماً وحديثاً، هل نفعه أكثر تحت موضوع «تاريخ العالم»، أم تحت موضوع السياسة، أم تحت موضوع «التراجم»، لذلك يتوجب على المصنف كما أسلفت أن يضع في اعتباره طبيعة رواد المكتبة وميولهم.

٢- التصنيف بالموضوع أولاً، ثم بالشكل:

يعتبر الموضوع دائماً أساساً لتصنيف أي وعاء من أوعية المعلومات، حيث يُعطى الكتاب مثلاً، الرمز الدّال على الموضوع أولاً، ثم يتبع الرمز الدّال على شكل الكتاب، حتى الكتب ذات الشكل المحدد، كالمعجم ودائرة المعارف، والدليل ... وغيرها، فتصنف تحت الشكل، بصرف النظر عن الموضوع. وهناك في جميع خطط التصنيف، أماكن مخصصة لمثل هذه الموضوعات الشكلية.

٣- التصنيف تحت الرأس المحدد الذي يشتمل على ذلك النوع من أوعية المعلومات:

المقصود بهذه القاعدة، إعطاء الكتاب أو وعاء المعلومات رمزاً يعبر بدقة عن درجة الاختصاص، سواء من حيث اتساع التغطية أو عمقها، مثال ذلك: إن كان على المصنف أن يصنف كتاباً عن «كرة القدم»، فيجب عليه أن يضع الكتاب مع بقية كتب «كرة القدم»، وليس تحت الموضوع العام، «ألعاب الكرة» مثلاً، وليس تحت الموضوع الأكثر شمولاً «الرياضة والألعاب الخلوية».

٤- عندما يعالج وعاء المعلومات موضوعين، يُصنّف تحت الموضوع الرئيسي، فإذا تعذّر الأمر، يصنّف تحت الموضوع الأول:

هذه القاعدة تعني أن يضع المصنف في إعتباره عدد الصفحات التي كتبت في

كلا الموضوعين، فإذا تبيّنَ له أنّ أحد الموضوعين يشغل الجزء الأكبر مـن الكتـاب، وضعة تحت ذلك الموضوع. أمـا إذا تسـاوى الموضـوعان فـي القـدر، فـإن تصـنيف هـذا الكتاب، يخضع للموضوع الذي يعالجه الكتاب أو وعاء المعلومات أولاً. ولا ضـرر فـي ذلـك البتّة، فالوصول إلى الموضوع الآخـر عـن طريـق الفهـرس أمـر مضـمون، بواسـطة رؤوس الموضوعات.

٥- عندما يعالج الكتاب بالتساوي ثلاثة موضـوعات أو أكـثر، يُصـنف تحـت الموضـوع الأكبر الذي يشملها جميعاً:

مثـال ذلك كتاب يعـالج «الحـرارة»، و «الضـوء»، و «الصـوت»، و «الميكانيكـا». فينبغي وضعه تحت الرمز الخاص بالموضوع الأكبر، الذي يضم كـل هـذه الموضوعـات، وهو «الفيزياء».

٦- في حالة وعاء المعلومات الذي يصف موضوعاً آخر غير موضوعه، يصنف الكتاب تحت الموضوع الموصوف:

فإذا عرض وعاء معلومات فـي «الجيولوجيا الهندسـية»، فـالأمر طبيعـي أن يصـنف تحت الموضوع «جيولوجيا»، وليس تحت الموضوع «هندسة».

٧- عندما يعالج وعاء المعلومات موضوعاً محدوداً بمنطقة جغرافية، يُصنّف أولاً تحت الموضوع:

فمثلاً، نأخذ كتاباً بعنوان «الفكر الاقتصادي في الحضارة الأوروبية»، يُصنّف هـذا الكتاب تحت الموضوع «اقتصاد» ثم يُتبع بعد ذلك بالرمز الدال على المنطقة الجغرافيـة «أوروبا».

٨- عندما لا نجد مكاناً لموضوع وعاء المعلومـات المـراد تصـنيفه فـي جـداول التصنيف
· فنختار أقرب مكان له في الجداول ونضعه فيه:-

كثيراً ما تواجه المصنف صُعوبات ناجمة عن عدم وجود مكان لموضوع كتاب أو وعاء من أوعية المعلومات في جداول التصنيف، كأن يتنـاول وعـاء المعلومات موضوعاً حديثاً جداً لم تفسح له خُطّة التصنيف مكاناً بعد، أو أن يعالج فكرةً أو

ظاهرة، أو موضوعاً بتخصيص شديد، فهنا يحتاج المصنف إلى البحث عن أقرب مكان «مناسب» لموضوع وعاء المعلومات.

خطة التصنيف:

تعتبر المكتبات ومراكز المعلومات، أفضل مكان يستطيع فيه الباحث أن يحصل على المعلومات التي يريدها، بطريقة سهلة وسريعة، وذلك نظراً لأن المكتبات ومراكز المعلومات، تنظم أوعية المعلومات حسب نظم التصنيف، والتصنيف يعني وضع الأشياء المتشابهة بعضها مع بعض، والتصنيف في المكتبات ومراكز المعلومات يعني وضع أوعية المعلومات ذات الموضوع الواحد في مكان واحد، بغرض تيسير الوصول إليها.

وهناك تصانيف عديدة ومن أشهرها تصنيفان:

أ- تصنيف مكتبة الكنغرس:

في هذا التصنيف تُوضح المجالات الرئيسة للمعرفة بالأحرف الكبيرة الإنجليزية، أما الأقسام الفرعية للمعرفة فتوضح بالأرقام. وهناك «٢١» واحد وعشرون مجالاً رئيسياً للمعرفة في تصنيف الكنغرس.

ب- التصنيف العشري:

صاحب هذا التصنيف هو مليفل ديوي «Melvil Dewey» ويعتبر هذا التصنيف أكثر النظم المستخدمة في العالم لتصنيف مجموعات أوعية المعلومات في المكتبات ومراكز البحوث.

ويقسم ديوي المعرفة إلى عشرة مجالات رئيسية، وكل واحد من هذه المجالات ينقسم بدوره إلى عشرة أقسام، وكل قسم ينقسم إلى عشرة فروع وهكذا. فهو تصنيف قابل للاتساع باتساع المعرفة مهما تجددت، ومهما ابتكر الفكر الإنساني من المعارف الجديدة.

ويعبر عن كل موضوع من المواضيع المستخدمة في التصنيف بواسطة الأرقام،

أي أن رقم استدعاء الكتاب، وهو ما يعبر عنه باللغة الانجليزية «Call No.»، يشمل موضوع الكتاب، معبراً عنه برقم التصنيف بالإضافة إلى أحرف من اسم المؤلف، أو اسم المؤلف وعنوان الكتاب.

ويلخص ديوي مزايا وفوائد تصنيفه العشري في مقدمته الشهيرة عندما يقول: «إنه أقل التصانيف تكلفة» «في الاستعمال»، فهو سهل الفهم، يمكن تذكره، كما يمكن استعماله، وهو عملي أكثر مما هو نظري، رؤوس موضوعاته مختصرة وواضحة، يريح ترتيب أوعية المعلومات، كما يفيد في أعمال التكشيف، وهو يساعد على الترفيف «وضع أوعية المعلومات على الرفوف» - بطريقة منسقة، ويستخدم رموزاً بسيطة وقليلة، ويمكن التوسع فيه إلى أقصى حد، دون إحداث خلل، أو جهد ضائع، وهو تصنيف يُسهّل اكتشاف الأخطاء، ويسمح بالإحالات العديدة.

والتصنيف العشري أصبح أداةً عالمية لتوفير الوقت، هو متجدد باستمرار، ويقول ديوي: «على الذين يقدمون شيئاً جديداً لتحسينه في الطبعات المقبلة، أن يعلموا أنهم يعاونون على زيادة الإفادة من نظام يساعد بالفعل آلافاً متزايدة، تنتشر في أرجاء العالم المتحضر».

وسنتبع في نهاية هذا الفصل الخلاصة الأولى وهي الأقسام العشرة للمعرفة. والخلاصة الثانية وهي الأقسام المائة. ومن أراد الاستزادة، فليراجع تصنيف ديوي العشري الذي صدرت منه مؤخراً الطبعة (.........).

****

وهناك أيضاً التصانيف الآتية:

١- نظام التصنيف العشري العالمي:

كان هذا النظام نتيجة مباشرة لمؤتمر دولي عقد في بروكسل عام ١٨٩٥م، حيث أعلن عن تأسيس «المعهد الدولي للببليوغرافيا»، الذي أصبح فيما بعد «الاتحاد الدولي للتوثيق». وفي هذا الاجتماع دعا «بول أوتلت» و «هنري لافونتين»

لوضع فهرس بطاقي لأدبيات العالم، ودعت الحاجة إلى وجود تصنيف دولي. وقد وقع الاختيار على نظام للتصنيف العشري كأساس لهذا التصنيف، على أن يعدل ويوسع حسب الحاجة. وقد وافق «مليفل ديوي» على هذا الإجراء، شريطة أن لا تكون هناك تغييرات رئيسية في هيكله.

أما عبارة «عالمي» فهي لا تعني كونه دولياً أو عالمياً بالنسبة لاستخدام النظام، وإنما تشير إلى محاولة معاملة جميع ميادين المعرفة، كنموذج موحد، من مواضيع متداخلة الترابط، لا مجرد مجموعات من تصانيف خاصة وضعت معاً.

أما كونه «عشرياً»، فنتيجة لما ورثه من نظام تصنيف ديوي العشري الذي اعتمد أساساً لبنائه. وهذه الميزة أعطته المرونة الخاصة.

إنّ ما يميزه عن تصنيف ديوي، فهو الإمكانات غير المحدودة في بناء الأرقام، وربط المواضيع المختلفة بواسطة إشارات ترقيم خاصة، قد أكسبته مرونة فائقة، غير أنها أدت بالضرورة إلى طول الأرقام، بشكل جعلت المستفيدين ينفرون منه.

ويستخدم هذا النظام على نطاق واسع في أوروبا. وخاصة في المكتبات المتخصصة. وهذا النظام مطبق على كافة أنواع المواد المكتبية، وليس مقتصراً على الكتب، وهذه إحدى الميزات التي تميزه عن نظام تصنيف ديوي العشري.

٢- نظام تصنيف كتر التوسعي:

«شارلز كتر» هو صاحب نظام كتر المشهور، الذي أعطى فيه رموزاً لأسماء المؤلفين، وأسمى تصنيفه هذا التصنيف المرن أو التوسعي، الذي سيسع كل ما يمكن أن يضاف إليه من جديد.

اعتمد كتر في وضع نظامه على الاعتقاد الذي آمن به، وهو حاجة المكتبات، إلى نظام للتصنيف، يتناسب مع عدد الكتب التي تحويها المكتبة على مر الزمن. وعلى هذا الأساس، فإن نظامه يتكون من ٧ توسعات أي «٧» أنظمة للتصنيف. فالمكتبة الصغيرة تستخدم النظام الأول، وكلما زاد عدد كتبها، استخدمت الأنظمة الأخرى الواحد تلو الآخر، حتى تصل في استخدامها إلى النظام السابع الذي

يناسب تصنيف الملايين من الكتب.

لقد استخدم «كتر» الحروف الهجائية الإنجليزية، فقسم المعرفة إلى ستة وعشرين فصلاً، وهي عدد الأحرف الهجائية كالآتي:

المراجع والمعارف	A
الفلسفة والديانات	B - C – D
التاريخ والجغرافيا والتراجم والرحلات	E – F – G
العلوم الاجتماعية – العلوم السياسة	H – J – K
العلوم الطبيعية	L
علوم التاريخ الطبيعي	M – P
الفنون النافعة	Q – U – R – S – T – V
الفنون الجميلة	W
اللغات	X
الآداب	Y
علم مصادر الكتب وعلم المكتبات	Z

٣- نظام تصنيف براون الموضوعي:

وضع هذا النظام المكتبي البريطاني «جيمس دف براون» (١٨٨٢ – ١٩١٤) الذي يُعزى إليه اعتماد نظام الرفوف المفتوحة في المكتبات.

يتكون النظام من «١١» أصلاً، والرمز مختلط من الحروف والأرقام واستخدامه الحروف الهجائية الكبيرة «A – Z»، والأرقام » ٠٠٠ – ٩٩٩ » ومن خصائص هذا النظام، أنه جمع نظريات الموضوع وتطبيقاته معاً، كما اعتمد نظرية المكان الواحد أي مكان واحد في النظام للموضوع الواحد.

فمثلاً «الزهور» تمثل موضوعاً محسوساً، ذلك أن اهتمام الدارس بالزهور في

كل وجهات النظر، هذا هو اهتمام ثابت، حيث ينظر إليه من وجهات نظر: علم النبات، زراعة الزهور، التاريخ، الجغرافيا، الزينة، الرمزية، البيبليوغرافيا .. إلخ، وذلك بعمل بيبليوغرافيا عن الزهور.

أما الأصول الأحد عشر عند براون فهي:

A	القسم العام
B – D	العلم الطبيعي والتكنولوجيا (المادة والطاقة)
E – F	علم الحياة
G – H	الأنثولوجيا والطب
I	علم الحياة الاقتصادي والفنون المنزلية
J – K	الفلسفة والدين
L	علم الاجتماع وعلم السياسة
M	اللغة والأدب
N	الأشكال الأدبية
O – W	التاريخ والجغرافيا
X	التراجم

٤- نظام تصنيف «بليس» البيبليوغرافي:

«بليس» من علماء التصنيف، الذين تركوا أثراً كبيراً، فهو صاحب التصنيف البيبليوغرافي، فقد أصدر الجزء الأول من النظام عام ١٩٤٠م، ويحوي المقدمة والأصول A – G وتشمل (الفلسفة والقانون والرياضيات والعلوم الطبيعية) وصدر الجزء الثاني عام ١٩٤٧م، ويشتمل على الأصول (H – K) ويشمل (العلوم الإنسانية)، وصدر الجزء الثالث عام ١٩٥٣م، ويحوي الأصول (I – Z) ويشمل (التاريخ والناس والأمم، الديانة، الأخلاق، اللغات، الآداب، البيبليوغرافيا والمكتبات). وصدر الجزء الرابع في نفس العام ١٩٥٣م، وهو كشاف عام للنظام كله.

ولكن هذا النظام لم يلق قبولاً من المكتبات العالمية، ولم يستطع أن ينافس نظام ديوي العشري، ونظام التصنيف العشري العالمي، ونظام مكتبة الكنغرس.

***

٥- نظام تصنيف الكولون لرانجاناثان

وضعه عالم المكتبات الهندي «شيالي رانجاناثان» (١٨٩٢ - ١٩٧٢) ، الذي أدرك بعقليته الرياضية أن نظام ديوي، نموذج من نماذج التصانيف الحاصرة التقليدية، فهو خطة جامدة، لأن رقم التصنيف ينمو في اتجاه واحد فقط، فإذا أردنا تخصيص عنصر جديد فالرقم لا يسمح بذلك.

لذلك فقد وضع رانجاناثان نظام تصنيفه لكي يكون مرناً، ويسمح باستيعاب العناصر المختلفة للموضوع المركب، ولذلك لا بد من علامة تفصل أجزاء الرقم، وعناصره، بعضها عن بعض، وفي نفس الوقت تربطها معاً في رقم واحد، بحيث يكون كل عنصر جزءاً مستقلاً، وفي نفس الوقت مكوناً من مكونات رقم واحد.

فعند التصنيف العملي، يُحلل موضوع الوثيقة (وعاء المعلومات) إلى عناصره، ويُسحب رقم العنصر المناسب من القائمة المستقلة المناسبة، ثم يعاد تركيب هذه العناصر معاً، لتكوين رقم التصنيف المركب للموضوع المركب.

ولذلك لا بد من علامة تفصل أجزاء الرقم، وعناصره عن بعضها، وفي نفس الوقت مكوناً من مكونات رقم واحد.

وقد وجد «رانجاناثان» الحلّ، بعلامة الوقف «الكولون»، لذلك سمي تصنيفه «الكولون» نسبة إلى أهمية هذه العلامة.

ويمكن إيراد المثال الآتي:

الرمز: ٣ : T٦٨ وتحليله كالآتي:

T تربية

٦٨ المكفوفون

٣: ٦٨ تعليم المكفوفين

***

خطوات التصنيف العملي:

من الحكمة أن يحفظ المصنف عن ظهر قلب الخلاصة الأولى لجداول التصنيف، فبعد تقرير موضوع الكتاب المراد تصنيفه، يستطيع المصنف - دون الرجوع إلى الخلاصة الأولى - أن يضع الكتاب في الفصل الصحيح، كخطوة أولى، ثم يرجع إلى الخلاصة الثانية والثالثة، وبأي وقت، يستطيع فيه المصنف أن يضع وعاء المعلومات في القسم الصحيح الخاص به، دون الرجوع إلى أي من الخلاصات الثلاث.

***

كيف يُقَرّر موضوع الكتاب:

من الواضح أن المصنفين لا يملكون الوقت لقراءة كل أوعية المعلومات التي تُضاف إلى مجموعات المكتبة، ومن الواضح أيضاً أن عنوان الكتاب، ليس في حدّ ذاته معلومات كافية عن الكتاب حتى يمكن تقرير موضوعه. لذلك ينبغي على المصنف أن يستعين بكافة الوسائل التي تساعده في تقرير موضوع الكتاب، وقد يتطلب الأمر أن يستخدم أكثر من وسيلة للوصول إلى هدفه، أهم هذه الوسائل هي:

١- العنوان:

يدل العنوان على ماهية الموضوع غالباً، ولكن على المصنف أن يحذر دائماً العناوين المضللة، أو التي قد تحتوي على تشبيهات أو استعارات، لهذا فإن تقرير موضوع الكتاب، يتطلب الذهاب إلى ما هو أبعد من قراءة صفحة العنوان.

٢- قائمة المحتويات:

وهي غالباً مرشد ممتاز إلى موضوع الكتاب، وقد تكون في بداية الكتاب أو نهايته، وقد تأخذ أسماء متعددة مثل: المحتويات، أبواب الكتاب، الفهرس، وقد لا توجد.

٣- عناوين الفصول:

عندما يخلو الكتاب من قائمة المحتويات، فإن عناوين الفصول تفيد في التعرف على محتويات الكتاب.

٤- المقدمة أو التمهيد:

من الحكمة أن يقرأ المصنف مقدمة الكتاب، التي غالباً ما يكتبها المؤلف، لمعرفة وجهة نظره، حتى لو كانت تطابق القرار الذي اتخذه حول مكان تصنيف الكتاب.

٥- الكشاف:

يعد كشاف الكتاب – إن وجد – عاملاً مساعداً في تحليل محتوياته.

٦- الخلاصات:

تعتبر الخلاصات التي في نهاية الكتاب، أو في نهاية كل فصل من فصوله، بالغة الأهمية في تحديد الموضوع.

٧- نص الكتاب:

عندما يفتقر الكتاب إلى العناصر السابقة، ويتعذر معرفة موضوعه، فلا مفرّ من قراءة أجزاء من الكتاب، أو فحص نصه فحصاً دقيقاً.

٨- المصادر الخارجية:

إذا لم يتضح الموضوع من فحص الكتاب بدقة، يمكن للمصنف الحصول على ما يفيده في موضوع الكتاب من المصادر الآتية:

البيبليوغرافيات، الفهارس المطبوعة، معاجم التراجم، دوائر المعارف، تاريخ أدب الموضوع، التعريف بالكتب «Book Reviews».

٩- آراء المختصصين:

ينبغي استشارة آراء المتخصصين في الموضوعات المختلفة، عندما تفشل كلّ الوسائل السابقة في إمداد المصنف، بما يساعده على التعرف على موضوع الكتاب.

***

ماذا بعد تحديد الموضوع:

بعد الانتهاء من تحديد موضوع الكتاب، يصبح كشاف خطة التصنيف أفضل بداية للعمل، فالكشاف، وخصوصاً الكشاف النسبي، يفيد كثيراً في هذه الأحوال، فإن ترتيبه الهجائي، علاوة على ربطه الموضوعات بعضها ببعض، يساعد المصنف على إيجاد الرمز المطلوب بسهولة وأما المصنف الذي يعتمد اعتماداً كلياً على الكشاف لتحديد موضوع الكتاب، والتقاط الرمز المناسب له، اقتصاداً في الوقت، أو لضرب عصفورين بحجر واحد، فعليه وحده تقع مغبة عمله، إذ قد يكون الكشاف مضللاً، أو قد يختار منه الرمز الذي لا يعبر بالضبط عن فكرة الكتاب، الذي يقوم بتصنيفه.

وليتذكر المصنف، أن وضع جميع أوعية المعلومات التي تبحث في نفس الموضوع تحت نفس الرمز من الأمور الهامة جداً في التصنيف. ولضمان ذلك يجب عليه إذا ما اتخذ قراراً بشأن إحدى المشاكل التي تواجهه، أن يسجل هذا القرار كتابة، حتى تصنف أوعية المعلومات التي بها نفس المشكلة، بنفس الطريقة مستقبلاً، ويمكن أن تأخذ هذه القرارات، شكل ملاحظات تدون في جداول التصنيف، أمام الأماكن المناسبة، كذلك عند حدوث أي اختلافات في التفسير تستدعي تغييراً في الجداول، فلا بد من إيضاح هذه الاختلافات، مثل اللغة العربية، والأدب العربي، والدين الإسلامي. فلا بدّ من إيضاح هذه الاختلافات توضيحاً تاماً في الجداول المترجمة إلى اللغة العربية، وكذلك في الكشافات، حتى لا يحدث في المستقبل أي اضطراب، قد ينتج عنه، وضع أوعية المعلومات ذات الموضوع الواحد في مكانين مختلفين.

***

أدوات العمل للمصنفين:

تعترض المصنف في بعض الأحيان مصاعب ناشئة عن عدم تمكنه من التثبت، والتحقق سريعاً من خلال وعاء المعلومات المراد تصنيفه، من موقع جغرافي

صحيح، أو تاريخ لإحدى الوقائع، أو الأحداث الهامة، أو مدلول مصطلح علمي أو فني، لذلك يحسن بالمصنف أن يضع بالقرب منه، وفي متناول يده، بعض كتب المراجع الميسرة، التي تعاونه على أداء عمله في وقت وجيز، وتعتبر قائمة كتب المراجع التالية، ضرورية بالنسبة له:

١- التصنيف العشري لديوي الطبعة الأخيرة الكاملة باللغة الإنجليزية ٣ أجزاء.

٢- التصنيف العشري المترجم باللغة العربية – الخطة، والكشاف النسبي.

٣- بعض التعديلات العربية المطبوعة لتصنيف ديوي العشري، واختيار أنسبها للعمل.

٤- الإضافات الدورية لتصنيف ديوي العشري:
"Dewey Decimal Classification : Additions, notes and decisions"

٥- معجم عالمي للبلدان، لا سيما الطبعة الأخيرة من "
Webster's gazetteer of the world"
ومعجم عربي للبلدان، أو أطلس عربي حديث جيد.

٦- مجموعة مناسبة من المعاجم اللغوية: عربي – عربي، إنجليزي – عربي، فرنسي – عربي، إنجليزي – إنجليزي.

٧- معجم تواريخ مثل Haydn's Dictionary of dates (أحدث طبعة).

٨- معجم تراجم عالمي وخصوصاً Websters's biographical dictionary (أحدث طبعة)، ومعجم تراجم عربي للأعلام، مثل الأعلام لخير الدين الزركلي وآخر للأعلام الحديثة.

٩- الموسوعة العربية الميسرة.

١٠- مجموعة مناسبة من المعاجم المتخصصة في مختلف المجالات.

١١- مجموعة مختارة بعناية من القوائم البيبليوغرافية العامة والوطنية والتجارية والموضوعية.

***

تصنيف ديوي العشري

١- الخلاصة الأولى

الخلاصة الأولى

الأصول العشرة

المعارف العامة	٠٠٠ – ٠٩٩
الفلسفة وعلم النفس	١٠٠ – ١٩٩
الديانات	٢٠٠ – ٢٩٩
العلوم الاجتماعية	٣٠٠ – ٣٩٩
اللغات	٤٠٠ – ٤٩٩
العلوم الطبيعية والرياضيات	٥٠٠ – ٥٩٩
العلوم التطبيقية (التكنولوجيا)	٦٠٠ – ٦٩٩
الفنون، الفنون الجميلة	٧٠٠ – ٧٩٩
الأدب	٨٠٠ – ٨٩٩
الجغرافيا والتاريخ والتراجم	٩٠٠ – ٩٩٩

الخلاصة الثانية
الفروع المائة

الفصل الخامس

الإعارة

د.مأمون فريز جرار

الإعارة

من الخدمات التي تقدمها المكتبة لروادها ومشتركيها خدمة الإعارة. وإذا كان المجال مفتوحاً لمن يملك الوقت للجلوس في المكتبة والاستفادة من مصادرها كلها، فإنه لمن لا يملك الوقت الكافي للجلوس في المكتبة حق الاستفادة مما يمكن أن يخرج من المكتبة من المصادر.

وهذا هو المقصود بالإعارة، أي إتاحة المجال للمشتركين بالمكتبة للاستفادة من المصادر القابلة للإعارة خارج حدودها وخارج وقت الدوام الرسمي وفق ضوابط محددة.

لماذا الإعارة؟

إن الثقافة والاستفادة من مصادرها حق من حقوق الإنسان في العصر ـ الحديث. ولذلك يفكر المكتبيون في تعميم الخدمة المكتبية على نطاق واسع. ومن أجل ذلك وجدت خدمة الإعارة التي يرجع سبب التفكير فيها إلى أمرين:

أ. مراعاة ظروف المشتركين في المكتبة الذين لا يملكون الوقت الكافي للجلوس في المكتبة والاستفادة من مصادرها، أو تكون حاجتهم إلى الكتاب كبيرة تقتضي ـ وجوده لديهم مدة معينة.

ب. مراعاة حجم المكتبة وقدرتها على الاستيعاب، فالإعارة تخفف الزحام على المكتبة.

مخاطر الإعارة وضوابطها:

إن خروج الكتاب من المكتبة يعرضه لعدد من المخاطر منها:

١- الضياع:

ويحدث أن يخرج بعض الكتب من المكتبة، ثم يأتي المستعير مدعياً – صدقاً أو كذباً – أن الكتاب قد فقد. ويلاحظ أن بعض المستعيرين يفكر في امتلاك الكتاب إذا كان راغباً فيه وغير قادر على الحصول على نسخة منه من السوق.

٢- التلف:

وقد يتعرض بعض الكتب لشيء من التلف القليل أو الكثير من خلل في

الغلاف أو انفكاك لبعض الصفحات أو كتابة عليها. أو غير ذلك من أوجه التلف.

ولكي تتحقق منافع الإعارة من غير وقوع لمخاطرها اتخذت المكتبات مجموعة من الضوابط، التي نبينها فيما يلي:

١. تحديد المستفيدين من خدمة الإعارة:

وذلك بوضع نظام الاشتراك. فالإعارة ليست متاحة لكل فرد إلا إذا قدّم طلب اشتراك، وتوافرت فيه شروطه. ومن أجل أن تحفظ المكتبة حقّها تدعو طالب الاشتراك إلى تعبئة نموذج اشتراك فيه معلومات عنه، من عنوانه البريدي ورقم هاتفه، مع ذكر أسماء معرّفين، من الشخصيات المعروفة ليُرجع إليها إن حدثت مخالفة من المشترك. ومما يتضمنه الاشتراك دفع رسم رمزي فيه شيء من العون للمكتبة. وتطلب بعض المكتبات من المشتركين دفع تأمين، وهو مبلغ مسترد عند رغبة المشترك في توقف الاشتراك.

٢. تحديد المصادر القابلة للإعارة:

فليس كل مصدر من مصادر المكتبة متاحاً للإعارة، فهناك المراجع التي توضع في قسم خاص ولا يسمح بخروجها من المكتبة، وهناك قسم الكتب التي تُعار. وقد كانت المكتبات قبل حين من الدهر تجعل كتب الإعارة في مخازن بعيدة عن أيدي رواد المكتبة، مما كان يحرم الرواد فرصة الانتفاع بها من غير لجوء إلى الإعارة، وإن كانت هناك «إعارة داخلية» حيث يطلب رائد المكتبة الكتاب، ويضع هويته في قسم الإعارة ثم يتوجه إلى قاعة المراجع والمطالعة، فإذا فرغ من الكتاب أعاده واسترد هويته. وكانت تلك الطريقة تسمى بطريقة الرفوف المغلقة، وأما الطريقة السائدة اليوم فهي طريقة الرفوف المفتوحة، حيث تكون مصادر المكتبة كلها بين يدي رواد المكتبة، إلا في حالات خاصة، وما كان منها ميسراً للإعارة تمت إعارته.

٣. تحديد عدد الكتب التي تُعار:

من المعتاد في نظم الإعارة أن يوضع سقف للكتب التي يُسمح للفرد باستعارتها في المرة الواحدة. والشائع في هذا المجال هو ثلاثة كتب. والهدف من هذا

التحديد هو ضبط الخارج من مصادر المعلومات، وعدم حرمان رواد المكتبة من حقهم في الاطلاع على مختلف المصادر. وتستثني المكتبات الأكاديمية بعض الفئات، فللأساتذة حق في استعارة عدد أكبر، ففي بعض الجامعات لهم حق في استعارة عشرة كتب، وفي بعضها لهم خمسة وعشرون كتاباً.

وكذلك هناك استثناء خاص لطلبة الدراسات العليا. ولا بُدّ من التنبيه هنا إلى أن من الواجب على من لهم هذا الاستثناء ألا يتعسفوا في استخدام الحق، وألا يحجزوا الكتب لديهم إن انتهت حاجاتهم إليها، حتى لا يحرموا غيرهم من الاستفادة منها، وبخاصة إذا كانت نسخ الكتاب قليلة، وكانت الحاجة إليها شديدة.

٤. تحديد مدة الإعارة:

والهدف من تحديد المدة هو الهدف من تحديد عدد الكتب التي تُعار، وهو الموازنة بين حقوق المستعيرين وحقوق رواد المكتبة، وإتاحة المجال أمام عدد كبير من جمهور المكتبة للاستفادة من محتوياتها، استعارة أو مطالعة داخلية في المكتبة.

٥. تحديد نظام للعقوبات والغرامات:

اقتضى نظام الإعارة معالجة ما يمكن أن يقع من مخالفات المشتركين. وقد وضعت عقوبات وغرامات تتناسب مع كل مخالفة.

فمن العقوبات:

أ.   حرمان المشترك من حق الاستعارة مدة معينة.

ب. حرمان المشترك من الإعارة حرماناً نهائياً وإلغاء اشتراكه، وذلك إذا كانت مخالفته كبيرة.

وأما الغرامات فهي عقوبات مادية تستوفى من المخالفين. وبعض المكتبات تفرض غرامة على تأخير كل يوم في إعادة الكتاب، كما تفرض غرامة على فقدان الكتاب تكون أحياناً ثلاثة أمثال سعر الكتاب.

وذلك لردع من يفكر في امتلاك الكتاب المُستعار وعدم ردّه إلى المكتبة.

نظم الإعارة[1]:

نظم الإعارة هو إجراءات تنظيمية تتخذها المكتبة لضمان عودة الكتاب المعار في الموعد، وذلك لإثبات وجود الكتاب في ذمة المُستعير. وتختلف نظم الإعارة باختلاف حجم المكتبة وجمهورها.

ومن نظم الإعارة الشائعة:

١- نظام السجل:

وهو نظام يستخدم في المكتبات الصغيرة، أو لشريحة من جمهورها.

ومن صور هذا النظام:

أ- الدفتر: وذلك بتسجيل وقائع الإعارة في دفتر حسب التسلسل الزمني، ويخصص لكل يوم صفحة أو أكثر. وتسجل في الصفحة معلومات عن اسم المُستعير وعنوانه واسم الكتاب وتاريخ الإعارة وتوقيع المُستعير وتاريخ الإرجاع.
وإذا افترضنا أن هذا النظام مستخدم في مكتبة مدرسية فإن من الممكن اتخاذ سجل عام للإعارة، كما أن من الممكن تخصيص دفتر لكل شعبة في المدرسة، وتخصص لك طالب صفحة أو أكثر، وترتب الأسماء هجائياً.

ب- البطاقة الكرتونية: وصورة هذا الشكل من نظام السجل بتخصيص بطاقة كرتونية لكل مستعير تحتوي على معلومات عن المُستعير في أعلاها، ومعلومات عن الكتاب ووقائع الإعارة، وتوقيع المُستعير، وتحفظ هذه البطاقات مرتبة ترتيباً هجائياً. ويستخدم هذا النظام في إعارة الأساتذة والموظفين في جامعة العلوم التطبيقية في الوقت الحاضر.

٢- نظام بطاقة الجيب:

وهذا النظام مستخدم في مكتبة أمانة العاصمة، وكان مستخدماً في مكتبة عبدالحميد شومان. ويقتضي هذا النظام إعطاء المستعير عدداً من البطاقات

---

(1) انظر: أساسيات علم المكتبات والتوثيق والمعلومات، ص:٢٢١، علم المكتبات والمعلومات، د.محمد ماهر حمادة، ص٨٤.

على صورة جيب، وكل بطاقة تتيح للمستعير استعارة كتاب واحد، يسلّم إلى المكتبة وتوضع فيه بطاقة الكتاب المعار، وتحتوي بطاقة الجيب على أحد وجهيها معلومات عن المُستعير: اسمه وعنوانه، وعلى الوجه الآخر معلومات عن المكتبة. وهو نظام ميسّر في إجراءاته، وعيبه الوحيد أنه يقضي ـ بحمل المستعير عدداً من البطاقات ليتمكن من استعارة أكثر من كتاب.

٣- نظام الهوية السجل:

وهـو النظـام المسـتخدم في مكتبـة جامعـة العلـوم التطبيقيـة وعـدد آخـر مـن الجامعات. ويقضي الاشتراك صرف هوية للمستعير على وجه منها صورة المُستعير ومعلومات عنه، وعلى الأوجه الأخرى للهوية (وعددها ثلاثة أوجه) سجل تثبت عليه وقائع الإعارة: رقم تصنيف الكتاب، ورقمه المتسلسل وتاريخ الإرجاع.

٤- نظام البطاقة المحوسبة:

ويستخدم هـذا النظام إذا تمـت حوسبة المكتبـة، فيجعـل لكـل مسـتعير ملـف حاسوبي يفتح برمز مسجل على هويته، ولكل كتاب رمز حاسوبي يثبت على غلافه الداخلي. وإذا أريد تسجيل واقعة الإعارة فتح الملـف الحاسوبي بالمستعير، ومُرّر رمز الكتاب على الحاسوب، وتتم إجراءات الإرجاع بخطوات شبيهة. وهنـاك نظم أخرى، وليس الهدف من حديثنا الاستقصاء بل عرض بعض هذه النظم.

المراجع

١- أساسيات علم المكتبات والمعلومات، د.عمر همشري، د.ربحي عليـان، عمّان ١٩٩٠م.

٢- علم المكتبات والمعلومات، د.محمـد مـاهر حمـادة، مؤسسـة الرسـالة، بـيروت ١٤٠٧هـ / ١٩٨٦م.